葉靈鳳

叶灵凤（1905–1975）

凤兮凤兮

李广宇 著

法律出版社
——北京——

图书在版编目(CIP)数据

凤兮凤兮 / 李广宇著. -- 北京 : 法律出版社, 2023

ISBN 978-7-5197-8450-8

Ⅰ. ①凤… Ⅱ. ①李… Ⅲ. ①叶灵凤(1905-1975)—人物研究—文集 Ⅳ. ①K825.6-53

中国国家版本馆 CIP 数据核字(2023)第 205553 号

凤兮凤兮
FENGXI FENGXI

李广宇 著

策划编辑 许 睿
责任编辑 许 睿
装帧设计 乔智炜 李广宇

出版发行 法律出版社
编辑统筹 司法实务出版分社
责任校对 朱铁佳
责任印制 胡晓雅
经　　销 新华书店

开本 787 毫米×1092 毫米 1/32
印张 12.75 **字数** 176 千
版本 2023 年 11 月第 1 版
印次 2023 年 11 月第 1 次印刷
印刷 北京盛通印刷股份有限公司

地址:北京市丰台区莲花池西里 7 号(100073)
网址:www.lawpress.com.cn
投稿邮箱:info@lawpress.com.cn
举报盗版邮箱:jbwq@lawpress.com.cn
销售电话:010-83938349
客服电话:010-83938350
咨询电话:010-63939796

书号:ISBN 978-7-5197-8450-8 **定价**:128.00 元
凡购买本社图书,如有印装错误,我社负责退换。电话:010-83938349

目 录

叶灵凤的朋友圈

跟着灵凤游上海

插图目录

陈君葆日记中的叶灵凤

叶灵凤的日记簿

叶灵凤在一九七三

叶灵凤的身后

《红毛聊斋》一脔

叶灵凤买西洋画册

叶灵凤与日本书店

叶灵凤与邵洵美

叶灵凤与穆时英的点滴

叶灵凤和郁家

叶灵凤与黄新波

张望·鲁迅·叶灵凤

神秘人物叶苗秀

叶灵凤与刘芃如

叶灵凤与夏果

叶灵凤与张向天

《国风》月刊与“红色会督”

叶灵凤日记里的柳木下

疯癫诗人柳木下

叶灵凤与柳存仁

四马路

北四川路

施高塔路

内山书店

多伦路

静安寺

凤兮凤兮叶灵凤

赵克臻手写的叶灵凤小传

春天的时候去香港，叶灵凤先生的三女叶中敏在北角健康街柯达大厦的大公报社给我看了一堆有关叶灵凤的剪报资料，当中有一页半写在原稿纸上的叶灵凤小传。原稿纸为致生公司制，每页四百格，竖排，版心有双鱼尾。看那字迹，酷似叶灵凤的风格，但叶中敏说，这是她妈妈赵克臻写的。小传的全文如下：

叶灵凤原名叶蕴璞，一九〇五年出生于江苏省南京市。父名叶醒甫，满清时曾任武职，母王氏，有一兄两姊，五岁丧母。后因其父任职于镇江，故童年生活于镇江度过，十余岁时父又调任九江，就读于当地中学，毕业后得兄长之助，赴北京辅仁大

叶灵凤与夫人赵克臻

学肄业，一年后离校。因醉心于美术，独自往上海，进美术专门学校，并开始半工半读之写作生活，毕业后竟放弃学画，专心于创作事业。后加入创造社，曾担任多种文艺刊物之编写工作，及《时事新报》等报刊之副刊主编。一九三〇年后进上海现代书局任总编辑之职。

第一次婚姻对象是女作家郭林凤，结婚数年后因性情相左而离婚。一九三七年一月一日再与现代书局同事赵克臻结婚。

现代书局改组后，转任时代图书公司编辑。七七事变，抗日战争开始后，与夏衍、郭沫若等同创刊《救亡日报》，上海沦陷后，迁往广州继续出版，广州失守，又迁往广西，当时因政治问题，被逼停刊。此后退回香港居留，初时任《立报》副刊编辑，后进《星岛日报》，主编文艺副刊《星座》，前后达三十多年，终因眼病退休。于一九七五年十一月二十三日病逝，享年七十一岁。有三子五女。

这篇小传简明扼要，基本写出了叶灵凤一生的概貌，有些情况，我也是通过本文第一次听说。又因出自传主配偶之手，可信度应该较高。稍感遗憾的是，由于篇幅所限，有些内容无法进一步展开。我这里结合其他一些资料，试对这篇小传的个别部分作一些注释和补充。

叶灵凤原名叶蕴璞。叶灵凤原名叶蕴璞，灵凤是他的笔名。家人解释，灵凤之名出自李商隐诗篇《无题》中的“身无彩凤双飞翼，心有灵犀一点通”。罗孚说：

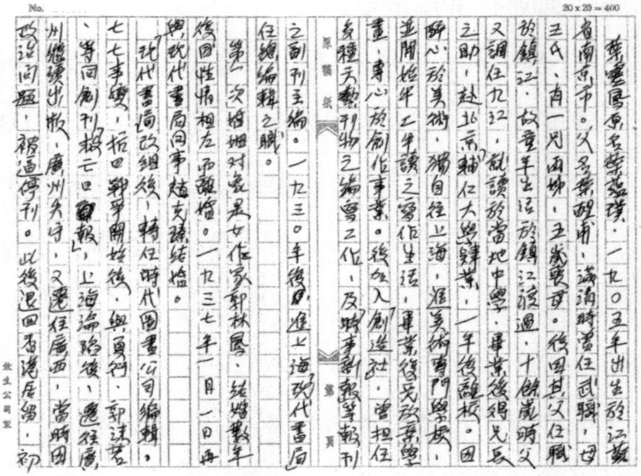
葉靈鳳原名葉蘊璞，一九〇五年出生於江蘇省南京市。父名葉醒甫，滿清時當任武職，母王氏，育一兒兩妹，五歲喪母。後因其父任職於鎮江，故童年生活於鎮江渡過。十餘歲時父又調任九江，就讀於當地中學。畢業後得兄長之助，赴北京輔仁大學肄業，一年後離校。因醉心於美術，獨自往上海，進美術專門學校，並開始半工半讀之寫作生活，畢業後兼致力繪畫、專心於創作事業。後加入創造社，曾擔任多種文藝刊物之編寫工作，及時事新報等報刊之副刊主編。一九三〇年後，進上海現代書局任總編輯之職。

第一次婚姻对象是女作家郭林鳳，結婚數年後因性情相左而離婚。一九三七年一月一日再與現代書局同事趙克臻結婚。

現代書局改組後，轉任時代圖書公司編輯，七七事變，抗日戰爭開始後，與夏衍、郭沫若、等同創刊救亡日報，上海淪陷後，遷往廣州繼續出版，廣州失守，又遷往廣西，當時因政治問題，被迫停刊。此後退回香港居留，初

赵克臻手书叶灵凤小传

“灵凤这个名字常常被人误会为女性，就在他工作多年的那间报社里，也有过这种误会。事实上这的确是一位女性的名字……为了纪念这位女性的故人，就以她的名字为名了。”这位“女性的故人”，指的是叶灵凤的第一位夫人郭林凤。据说叶灵凤曾有一个印章“双凤楼”，还写过一组“双凤楼随笔”，纪念这位“女性的故人”的用意很明显，但取名“灵凤”，时间上却是在结识“同

名的她”之前。像许多作家一样，时间久了，笔名就不再是笔名，而成为正式的名字。在与第二任夫人赵克臻的结婚证书上，用的名字就是叶灵凤，而不是叶蕴璞。在五十余年的写作生涯里，他还用过许多其他笔名，早期用得较多的，有亚灵、昙华、雨品巫、佐木华等。在封面和插绘设计上，一般会署上一个英文的LF，看起来很像一个“正”字。晚年用得较多的是霜崖和叶林丰，以及叶灵凤和叶林丰的拆分或者衍生品，如叶林风、叶、林风、临风、任风、凤、凤兮、风、丰等。香港沦陷时期，被迫写一些违心之作或无聊之作，署名也是忽真忽假，变化莫测，有时甚至署上夫人的名字，如赵克臻、

郭林凤像

南京石头城

克臻、克、赵克进、进。为了谋生，叶灵凤在上海和香港都写过不少《书淫艳异录》、《欢喜佛庵杂记》之类的专栏，前者习惯署秋郎、秋生、白门秋生，后者有时署番僧等。叶灵凤好像并不愿意被人知道“秋生”的真实身份，一九四七年的一则日记写道：“以‘秋生’笔名所写的稿，已成公开秘密，很觉无趣。”罗孚对此颇有会意，他认为：“他当年要以白门秋生的笔名写这一类文章，恐怕也多少认为这些东西有些不雅，或有些无聊，才用笔名而不用真名的吧。”而据方宽烈考证，叶灵凤在沦陷时期主编《大众周报》时，还用过另外两个笔名，方氏的文章说：“翻译方面他用笔名青楼萧史译写中篇小说《香艳浮生记》，描述一个乡村少女到城市堕落的过程，内容相当猥亵，据说原书名叫《丘芳年回忆录》，作者是约翰克里·兰。

还有一篇中篇连载《香港海盗史话》，用鲛人的笔名发表，可能亦是叶氏所写。”叶灵凤用过的其他笔名还有：任诃、任柯、凤轩、燕楼、沛堂、南村、香客、龙隐、秦静闻等。

一九〇五年出生于江苏省南京市。叶灵凤的生年，赵克臻写的是一九〇五年，这也是坊间比较流行的说法，但叶灵凤的女儿叶中敏为“叶灵凤香港史系列”撰写的《叶灵凤生平简介》则写为一九〇四年。罗孚在《叶灵凤和鲁迅的骂战》一文中也说：“叶灵凤生于一九〇四年……施蛰存是比他迟一年，一九〇五年生的。”但叶灵凤本人在一九七〇年日记的结尾处曾有备注：“出生1905年 旧历9/4。”他的好友陈君葆为叶灵凤所作的祝寿诗也有注曰：“叶灵凤生于乙巳年旧历四月初九。”关于叶灵凤的籍贯，该结婚证书则称系江苏省江宁县人。据叶灵凤自述：“《白下琐言》有一处提及‘九儿巷’，这是我家的祖居所在，我就是在巷内的一座古老大屋内出世的。大厅的大屏门上有壁画，据记在太平天国占领南京时，这屋曾经作过王府。”他在一九四四年发表的《乡愁》一文则说：“很少人知道我的家乡是南京。我不大提起我的家乡，并不是因为这家乡不值得我的忆念，而是因为我对于家乡的事情实在知道得太少。从小以来，我就承受了父亲的命运，开始离开了南京，最初是为了知识，后来是为了衣食，在长江上游和下游的几个城市里消磨了我的童年和少年。”“长江上游和下游的几个城市”，指的是镇江、九江和昆山。他在这几个江南小城读完了小学和中学后，进入上海美术专科学校学习美术。根据赵克臻的这篇小传，叶灵凤在进入上海美术专科学校之前，还曾在北京辅仁大学肄业一年。难怪他的长篇小说《红的天使》竟以古都北平作背景，难怪他会说：“我理想的家乡则是北平。”

父名叶醒甫，满清时曾任武职。叶灵凤自小跟随父亲辗转南京、镇江、九江，这在他的几篇随笔小品中已有描述，但他父亲做的是武官，他则少有透露。赵克臻先生将叶父的姓名写作“叶醒甫”，而在新近发现的叶灵凤、赵克臻结婚证书上却写作“叶性甫”，鉴于后者属“法律文书”，可能更为可信。在一九三七年叶灵凤

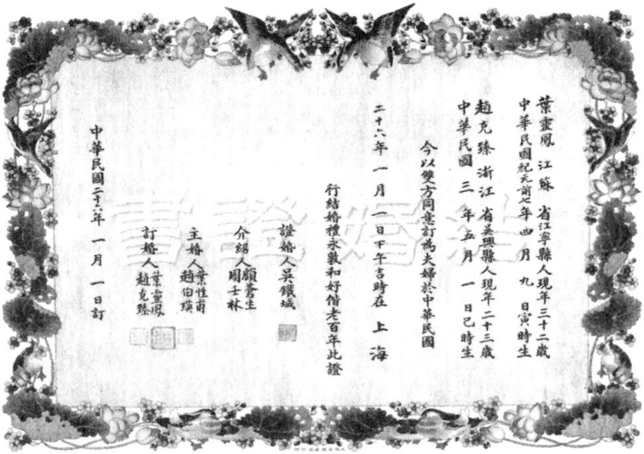
葉靈鳳 江蘇 省江寧縣人現年三十二歲
中華民國紀元前七年 四 月 九 日寅時生
趙克臻 浙江 省吳興縣人現年二十三歲
中華民國 三 年 五 月 一 日巳時生
今以雙方同意訂為夫婦於中華民國
二十六年 一 月 一日下午吉時在 上 海
行結婚禮永敦和好偕老百年此證
證婚人 吳鐵城
介紹人 顧蒼生 周士林
主婚人 葉性甫 趙伯璜
訂婚人 葉靈鳳 趙克臻
中華民國二十六年 一 月 一 日訂

叶灵凤、赵克臻结婚证书

与赵克臻结婚时，证书上叶性甫是以主婚人身份出现，可见那时他还在世。

*母王氏，有一兄两姊，五岁丧母。*叶灵凤曾经自述：“《白下琐言》有一幅江南制造局的插图，其题字署名‘古虞吕福倓厚庵’，这乃是我的外祖父。(吕氏继母。我自己的亲生母亲是王氏，住明瓦廊，吕家则住评事街富德巷）。”五岁丧母的记忆，是一种使他终身苦痛的印象：

一个夏天的深夜，在一间古老而阴沉的大屋内，煤油灯光下，躺着一个中年妇人，旁边睡着一个五六岁的孩子。有谁将这沉睡的孩子从大床抱了出来，他醒了，睁开眼来，看见桌上有一堆的黄豆，有人正在用红头绳缚着这个妇人的脚。

这个小孩便是我，床上躺着的是我的母亲。母亲是染了当时流行的急症突然死去的，据姊姊后来告诉我，当晚晚饭过后，母亲还背了我哄着我入睡，却不料半夜得了急症，医生还没有请到就断了气了。桌上的黄豆是救急用的，脚上缚的红头绳是一种迷信，预防有什么意外。

这阴郁的记忆支配了我的童年生活，也影响了我的性格，更使我对于家乡的印象染上了一层灰暗。在我的记忆中，家乡是没有春天的。

七七事变之后，叶灵凤南下广州，广州沦陷后又定居香港，战乱年代中一直与父老南北阻隔。战后的一九四六年初，才得到一些家乡的音讯。这年的二月四日，他接得友人君尚自南京的来信，“知在近数年中，继母已在镇江因无人照应去世，大哥嫂则流为小贩。因近年每见街边无家可归的老弱，总幻想自己的家人也难免是这样。今果然如此。”六月十五日大哥来信，“诉年来颠沛苦况，现暂时住在紫眉表弟处。中年手足，境况如此凄凉可慨也。”七月一日，“由上海银行汇十万元与大哥，另发一信”。半年之后的旧历除夕，叶灵凤似乎还沉浸在对家乡亲人的牵挂之中，这一天他未出门，只写下这样一句话：“故乡今夜思千里，双鬓明朝又一年。”

据说，叶灵凤对继母并不认同，他实际是由比他大七岁的大姐一手带大，因而姊弟之间骨肉情深。大姐名叶华，年轻时参加过学生运动，多年之后叶灵凤还跟自己的儿女夸他们的大姑妈那个时候是如何能干。叶华的丈夫是周尚，据施蛰存回忆，他是国民党上海“文化编制”大员潘公展的部下，因此叶灵凤能从他那里探听到一点消息，因而曾被人怀疑是打入“左联”的文化特务。

学生时代的叶灵凤，原载《洪水周年增刊》

但叶中敏曾经跟我说，她爸爸好像不太喜欢他这个姐夫，就因为他给腐败的国民党政府做事。可是晚年的周尚对于叶灵凤倒是颇有知心之言。一九八六年他在民盟机关报《盟讯》发表过一篇《忆艺术家叶灵凤》，引用白居易的“试玉要烧三日满，辨材须待七年期”，来评价叶灵凤的忠奸功过，他指出：“对表象相似的，不可盲目相信，忠奸、善恶、功过、是非、真伪，历史终会作出判断。”说这话他也有根据：“降书一到万民舞，日本无条件投降了，中国驻港官员纷纷返港。香港中统负责

《幻洲》封面

《戈壁》封面

人沈哲臣曾没收灵凤的印刷机和白报纸，不久查明灵凤是心存北阙的爱国者，发还了他财物。”

周尚的文章还透露了不少叶灵凤姐弟的行状，譬如对于少年叶灵凤外貌的描写：“常见他穿了一件蓝布长褂，头发长得像捻军，雪嫩的鹅蛋脸，眉宇间透露英俊洒脱，的确，‘风流不在衣衫多’，他微带口吃，不善辞令，见华姊时，开头每说‘无事不登三宝殿’，其勤其忙其穷可知。”再如对于灵凤和大姐当年住处的回忆：“一九二八年《幻洲》被禁，改出《戈壁》，旋也被迫停刊。翌年二月七日，创造社被贴上封条，灵凤被捕。保释后，与华姊同住施高塔路兴业坊。一九三七年，一场民族生死存亡的抗战开始，姊弟两家避难迁居亨利路亨利村。”施高塔路兴业坊给叶灵凤的印象很深，一直到退休那年，他还可以凭记忆画出示意图。这个地方离鲁迅居住的大陆新邨不远，所以叶灵凤与鲁迅还多少算个芳邻。叶中敏曾跟我说，当年叶鲁两家并不来往，但两家的保姆却是有往还的。

周尚的文章还说：“一九三九年，‘菡萏香消翠叶残’时节，乃姊叶华因爱国故，在上海马思南路五十八号家中被汪精卫派打手抓去，囚于杀人魔窟的‘76’号。灵凤闻讯，痛不欲生，由此，他的健康走了下坡路。”叶中敏在她父亲去世后写文说：“在他晚年有一件令他欣慰、兴奋的事，就是我在前年和今年暑假回内地旅行的时候，在上海和北京探望了大姑妈、二姑妈和众多的表兄表姐，知道他们都生活、工作得很好。我写回来告诉爸爸见到大姑妈的信，他一直放在手边；带回来的照片，他每天都要拿放大镜看一回。大姑妈特地给他做了他最爱吃的笋脯豆，他每天都一小把一小把的抓来吃。”

叶灵凤本人也回内地见过大姊二姊。一九六五年国庆前夕他应邀去北京参加李宗仁归来记者招待会期间，年已六十七、右目有障、右腿行动略有不便的大姊，特意从上海乘火车来京相见。叶灵凤在驻地新侨饭店留他的大姊和两个外甥叶周、周龙在餐厅午餐，还拍了一张照片。隔一天的晚上，又到新华社宿舍叶周处，见到他的爱人周敏仪，同往“烤肉宛”吃烤卤。叶周是新华社记者，曾于一九九七年在《中华读书报》发表过《叶灵凤与香港》一文，对他幼时所见到的沪港两地叶灵凤的书房多有描述。

赵克臻的小传中没有说叶灵凤有弟弟，但叶中敏说，他爸爸有一个弟弟，是国民党的空军，一九四九年去了台湾，后来做了不小的官。根据叶灵凤日记，一九四九年的十月八日，“蕴莹弟自台湾来。仍在空军服务。明日拟归去。”料想此蕴莹弟系继母吕氏所生。

有三子五女。叶灵凤与赵克臻育有三子五女，三子为中凯、中健、中辉，五女为中绚、中慧、中敏、中美、

叶灵凤、赵克臻与子女摄于罗便臣道家门外

中娴。其实还有一位女儿中明，本来排行次女，不幸在一九四七年的七月十九日以肺炎夭折，年六岁，得病仅二日，葬于跑马地天主教坟场。叶灵凤伤心至极，以至于日记为此中辍了将近两年。叶灵凤去世后，赵克臻率子女在报章刊登讣闻，仍将中明的名字加黑框排在众儿女之列。在这些儿女当中，叶中敏可算子承父业，她自幼爱溜进父亲的书房看书，一开始是偷偷摸摸，慢慢被父亲发现了，不仅不批评，反而非常赞许，后来在罗孚介绍下进入《大公报》工作，一直做到了副总编辑和总主笔，至今仍然每天值夜班写社论。我和叶中敏老师见过多次，每次去香港她都要抽出空来请我餐叙。人跟她的父亲一样平易低调，要不是我在罗孚之子罗海雷的书里见到旧日合影，还真不知道七八十年代中共领导人接见香港左派新闻界代表团和香港爱国人士代表团，她都是成员之一。最小的女儿叶中娴也擅写作，以前在香港做过电影编剧，后来随夫君旅居海外，出版过随笔集《窥视中东》。长子中凯已过世，中慧、中辉、中美居香港，中健在澳门，中绚定居多伦多。叶家第三代男丁只有叶超骏一个独苗，爷爷去世时，他只有九岁，当长辈们选了一些爷爷生前爱读的书籍放进棺木时，他在一旁建议："放一本《人民画报》吧，爷爷喜欢从头看到尾的。"

叶灵凤（右）与陈君葆在香港佛堂门考研摩崖石刻后留影

陈君葆日记中的叶灵凤

一九七五年十一月二十五日，叶灵凤先生的丧礼在香港殡仪馆举行，致送花圈及吊唁者甚众，他的好友陈君葆特撰挽联向他拜挽：

心眼果能通增邀野鹤呼灵雨

火花疑未断应与寒丹住凤凰

陈君葆，一八九八年十月七日出生于广东省中山市三乡镇平岚乡，一九八三年六月二十五日寿终香港。一九三四年，受聘为香港大学冯平山图书馆主任兼文学院教席，与许地山为同事，对香港新文化及平民教育贡献良多。日军侵占香港后，搜查香港大学，并封

陈君葆像

闭冯平山图书馆，陈君葆忍辱负重，茹苦含辛，誓与藏书共存亡，不但使馆藏得以完璧，而且还广搜校外书籍搬回保存，使得日军要将其焚毁或卖掉的放言沦为空谈。香港沦陷前夕，南京中央图书馆将一百一十一箱珍贵典籍寄存于冯平山图书馆，还没来得及转往海外即被日军盗回本土，日军投降后，陈君葆多方设法，将其寻回，避免了这批国宝级书籍流失异邦。

陈君葆素有写日记的惯习，经年未断，弃世方休，历年积攒多达百册。一九九九年，陈君葆的女婿谢荣滚与陈氏后人一道，将其中一九三三年至一九四九年间的日记整理注释，交由商务印书馆（香港）有限公司出版，我得到书讯，曾经托人从香港购回一套。香港浸会大学历史系主任周佳荣博士将此书誉为“大时代的证言”，

冯平山图书馆，1932 年

所评殊非妄言。陈氏身处动荡年代，结交多为一时豪杰，腕底春秋，毫端月露，堪称风云际会，其中尤以日占时期香港生活实录为最珍贵。而这一时期，他与叶灵凤双双滞留孤岛，顾影相怜，相濡以沫，因之关于叶灵凤行状的记载甚多，甚至远远多于叶灵凤的夫子自道（叶灵凤在沦陷时期亦有日记，曾披载于卢玮銮、郑树森主编的《沦陷时期香港文学作品选——叶灵凤戴望舒合集》，但三四年时间总共只有十九则。我后来披阅过叶灵凤全

日军轰炸香港

部日记的原件，证实总共只有这些。也许他从事的地下情报工作不允许他有更详细的记事，也未可知）。

香港的沦陷是在一九四一年的十二月二十五日，史称黑色圣诞节，此后香港就陷于水深火热之中。二十八日那天，陈君葆记："傍晚有兵入屋，家人均惊惶不已。阿霞几乎罗厄，后来我和那二等兵说明她是女仆，同时他又发现我案头的几多佛学书，才叫那勤务兵把她释了。云湘胆子最小更为震恐，但我可有甚法安慰她。"虚惊一场，尚属幸运，但不是所有的人家都能逃过一劫，刘智鹏、周家建所著《吞声忍语：日治时期香港人的集体回忆》记载的吴溢兴的一段口述，可再现彼时令人发指的情形于一斑："日本兵进入我们的店铺时，幸好我家姐及时躲上了屋顶，但邻居的妇女却被他们强奸，她们的家人只能走出屋外哭泣，不愿留在屋内，既无助又无奈。"此后的一九四二年，整整一年，陈君葆的日记也只记了十八天，印象最深的是九月十五日："自月初以来则每觉郁郁不乐，在苦闷中成无题七绝六首。"其中第一首云："休问书生为底狂，水寒消息断人肠，小园赋罢花零落，总不逢君也自伤。"陈君葆说："不是有闲情来作诗，结在胸里的话是要冲口出的。"

到了真的"逢君"，也就是叶灵凤出现在陈君葆日记时，已经到了一九四三年的年初。一月二十六日陈君葆记："午后往访灵凤，望舒也在，大家均似感精神食粮缺乏而希望图书馆能早日开放。"陈君葆当时可能不知，那个月，叶灵凤刚刚被秘密任命为中国国民党港澳总支部香港党务办事处干事。上一年的年中，则经调查

香港高等法院旧址

统计室香港站工作人员苏武介绍，已被发展为特别情报员。表面上的身份，却是香港占领地总督部临时嘱托。在这同时，他还担任和日方有关的大同图书印务局的编辑部长。战后日本公布的机密档案以及“配合他工作”的香港“金王”胡汉辉晚年所作的口述表明，他就是把在这些职务上可了解到的一些情况，提供给国民党的香港站。

一九四三年五月三日下午，陈君葆“遇灵凤于车上”，一直到八月底，叶灵凤才又重新出现，为什么叶灵凤突然消失了小半年？原来这期间他被日军抓去坐牢了。话说叶灵凤的情报工作营运了差不多一年之久，香港站的据点突被日军宪兵发现，根据搜查出的名单抓捕了许多人，其中就包括叶灵凤。家人讲，他是端午节进去，中秋节出来，在香港高等法院的旧址，被关了三个多月。一九八八年六月二十四日，叶灵凤夫人赵克臻曾经给罗孚写过一封长信，详述了叶灵凤的坐牢和她设法营救的过程。大约在中秋的前一日，叶灵凤获得无罪释放，但被勒令不能离开香港。“可惜其他四十多人，大都被判死罪，或病死狱中。”

这些内情叶灵凤当然不便和陈君葆讲，事实上他一直到死也没跟任何人讲。香港重光后的一九四六年五月三日，叶灵凤曾在日记中写道：“开始计划写《流在香港地下的血》，记所参加的秘密工作及当时殉难诸同志狱中生活及死事经过。在卅余人之中，只有我是写文章的，而我又幸而活着，所以我觉得我有这责任。”但他终于没有写出。兴许是战后在香港碰上了年轻时的战友

香港中环毕打街

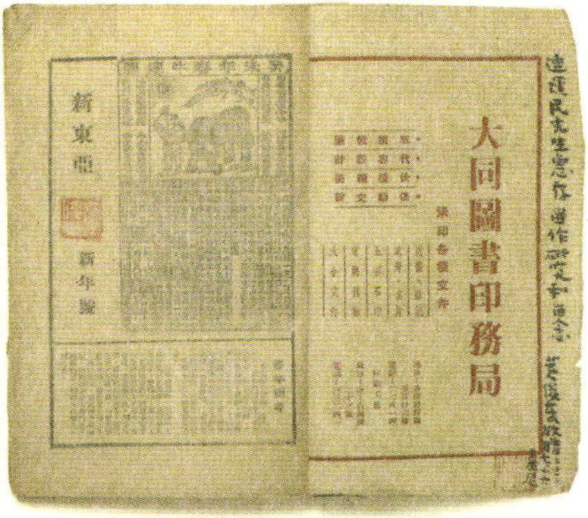

大同图书印务局广告

潘汉年，又从中共方面领得了新的任务，因而不便写此类敏感文章，也不是没有可能。因为香港沦陷之前和之后，潘汉年作为秘密战线的负责人，都曾在香港活动，据叶灵凤自己记载，一九四七年二月六日，他“在香港酒店遇见潘汉年”，并“约定明日偕夏衍乃超来家中小叙”。次日潘汉年他们一直在他家滞留到“晚饭后始行”。当然这都是后话。

叶灵凤出狱后不久，陈君葆就遇见了他，这是一九四三年的八月三十一日：“从东亚研究所出来到大同去走一遭看看望舒，灵凤已出来了，相见之下不胜感慨，他面色灰白似举步不大健的样子，屈指相隔已三个多月了。”可知这三个多月的牢狱之灾给叶灵凤肉体和精神所施予的双重折磨。

十月间，陈君葆与叶灵凤过从相当频繁，而每次的相聚几乎都与东亚研究所有关。据香港学者黄振威考证，东亚研究所全名为东亚研究所香港事务所，是东京神田区骏河台东亚研究所的分支，位于中环毕打街十八号，与叶灵凤工作的大同图书印务局近在咫尺。东亚研究所有几位灵魂人物，主要是小川、小原、中込，都是日本来港的研究人员。根据陈君葆日记的记载，十月二日，“午与灵凤往访小川，因到京沪饭店午饭”。十月十七日，“晚叶灵凤戴望舒假大华饭店请宴，到的东亚研究所的小川、小原和中込，同盟社的小掠。灵凤的太太也于此次初认识，以前她大概不大出来活动也。小掠据说是广东通，但普通所谓‘通’也者只在饮食起居穿着女人方面讲究耳，虽然这也是入手方法，并不应十分菲薄的。真正对学问有研究的仍以小原为首屈一指，堀内也颇有眼光”。这期间还从台北大学来了位岛田教授，陈君葆于十月二十日“午后二时半与岛田教授于香港大酒店门口会齐同往南方出版社介绍渠和叶灵凤、戴望舒认识，纵谈欧洲文学至差不多四点才兴辞出”。

《陈君葆日记》书影

陈君葆所用的这一个“兴”字，也道出了叶灵凤与他们交往时的感受。叶灵凤主编的《华侨日报·文艺周刊》曾经向岛田和另一位受聘来港的日本学者神田约稿，在《编辑后记》里，叶灵凤写道：“连日以来，我们向两位先生请教之余，不仅在学问上获益不少，同时两先生态度谦冲诚挚，也使我们年来寂寞的心上感到一种温暖。”叶灵凤还在文中论述了中国与日本在文化方面的相互影响，并指出：“中日事变已相持了六七年，但无论在怎样的情形下，中国文艺者从不曾在文化上将日本当作过敌人。”但陈君葆对于所谓的中日

"文化交流"似乎语多揶揄，在一次欢迎神田、岛田"两位友邦文人"的酒店小集之后，他写成绝句四首，其中第三首云："浮海人来有盛名，千秋事业独关情；如何文化交流日，鼙鼓犹闻战伐声？"而在一九四四年十月三日他和叶灵凤都有参加的"应神田的茶会"之后，又写道："在茶会中，神田演说，显然而非闲视其事了，随后他又三番四次地分别征求各人关于文化联络的具体的意见，诚如散席后观伟所云，大有迫不及待的样子，似乎他总要做些文章出来好交卷，这在许多人看来总露出办事欠老到哩。照这样看文化协会一类的组织一下子也弄不起来也。观伟的见地，侧重友谊的联络作基础，我意也以为不能更有进于此者。灵凤提出刊物的意见，却又是本色话了。"

关于叶灵凤、陈君葆与日本学者的交往，黄振威有句话倒是颇能说出个中三味："叶、陈等虽与小原等各为其主，但在日夕相处之下，彼此也开展了真正的友谊。"但天底下没有不散的宴席，沦陷后期，日本大势已去，再无力维持香港的东研。一九四四年六月二十九日，陈君葆日记记载：“午后顺路到东研去会小川们，因灵凤也在那里，他说因为听见东研要结束，少不得到那里去坐坐，人生聚散不常，小川们几个还算谈得来的，在目下情势中总算难得之至，多叙会几次也好，其实他们也十分可怜了，东京好几个月没有汇款来，据说小原要把蚊帐卖掉了。”这天，他们少不了要喝上两杯，但场面实在寒酸。“小川拿出啤酒来，每人只分得一茶杯”，“香烟也抽尽了，大家往后要吸便不能不累望舒把他所余的几根也掏出来了”。值得一提的是，即使自己处于穷途末路，小川、小原也不忘一再帮助陈君葆：“昨晚小原遣李姑娘送三百円来，并附一封英文信，那使我十分感动。那三百円本来是华侨日报给那译《宫崎滔天》一文的稿，隔了许多个月才发出来；但那译稿的酬金早已由东研付了，而小川得此亦无甚用处，因转而以移赠与我云。这又是知我贫而想出许多要帮忙我的一片苦心了。我虽然不能接受他们的好意，可是回想到自己在香港有许多故旧都不能接受他们的助力，倒是无缘无故地只凭一面思想文字之交便使他们异邦人士对我如此关怀，这

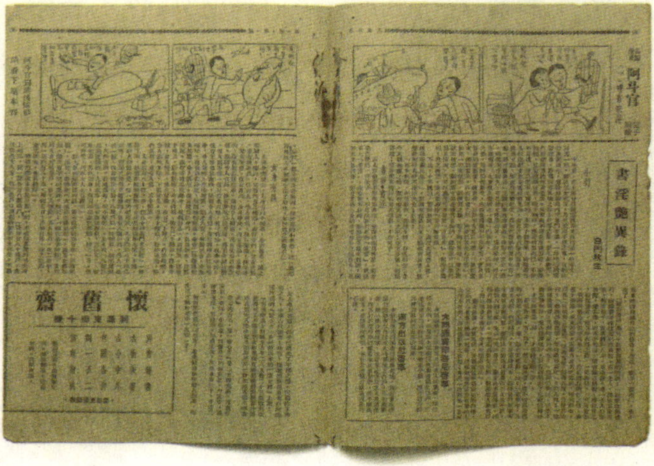
書淫艷異錄
懷舊齋

《大众周报》的《书淫艳异录》专栏

倒使我中夜抚膺，愧恨无地自容也。国际的情势，对此使我只感到痛苦，有时觉得无以自解，单纯人类的交感作用使我感到本国人的素质劣，而民族前途仍然暗淡。”

陈君葆的贫，绝不是文人的为赋新词强说愁。在沦陷时期的香港，物价飞涨，三餐不继，特别是沦陷后期，更是“物价益复高涨，人心似更张惶”。“连日以来路上每发见饿殍的市民”，惹得陈君葆“不禁为之心酸一阵”。就连结婚的茶会也带了战时的风味了：“先由侍役来数一数各桌的人数，然后才每人派定西饼两件茶一杯”。爱书的陈君葆“这一向都不曾到地摊去买书了，原因之一是袋里没有钱”。就连买片糖，也要等着叶灵凤送稿费来。一九四四年五月三十日这天一早，“叶灵凤遣女仆送了稿费二十円来，刚好这几天正等着买些片糖来煲番薯糖水，虽然二十円只能买四斤糖左右”。但过了一年，片糖价格已涨得非常离谱，“次等的也要七十二円了”。陈君葆“写了一封信给灵凤说‘平居无别嗜，仅喜糖茶咖啡，此与足下殊酸碱，夙所知也，现姑拟以此定笔润，每千方块易片糖二斤或白糖一斤如何？’书去后下午他打电话来说‘提出抗议已知道了，一切均容易’，我说‘抗议则何敢，吃糖则因所愿也’，相与一笑”。真正是苦中作乐，甘苦与共。

叶灵凤自己儿女一群，生活也是大不易，“侧身‘大东亚共荣圈’之一环的香港，‘六两四’之余，有时闲得难受，有时饿得几乎不能安贫”，为了换米，只好在《大众周报》上经营《书淫艳异录》和《欢喜佛庵杂记》

这两个“多艳异猥琐之事”的性学书话栏目。陈子善说：“当香港沦陷，叶灵凤留港担任国民党中央调查统计局香港站特别情报员，从事秘密的抗日地下工作。因此，不难理解，编辑《大众周报》正是一种伪装，一种掩护，续写‘书淫艳异录’专栏也应该别有怀抱和寄托在。”这就有些过于郑重其事。陈君葆日记曾载：“小川谓据灵凤告诉他，香港办报若不谈女人那便没有人看了。”可以推想，叶灵凤之重作冯妇，一方面是旧癖难医，另一方面不过是为稻粱谋而已。耐人寻味的是，这些文章虽属“杂谈男女饮食，乃至荒诞不经之事”的不登大雅之作，却往往“出以干净笔墨”，甚而至于“文字清通优美”，尽管如此，作者却似乎不愿暴露真实身份，不只署以白门秋生和番僧的笔名，还在《小引》中故意营造编者力邀，盛情难却的假象。反观他写的那几篇礼赞“大东亚圣战”的社论评论，却堂而皇之地挂上了叶灵凤的金字招牌，难道他不清楚这类“汉奸文学”性质上比“饮食男女”严重得多？要想追本探源，恐怕不能离开彼时彼地的历史情境。赵克臻在写给罗孚的信中，对

叶灵凤与陈君葆（中）、高贞白（红豆）

当时的“高压”态势有过这样一番回顾：“灵凤在释放后，仍主持‘南方出版社’及‘时事周报’，不久又惹上了另一次风波。在农历新年的周报上，他写了一篇小品文，题目是‘谁说商女不知亡国恨’，内容是元旦日他路过石塘咀，见到那里的导游社等风月场所，居然挂上了国旗，很是感动。谁知此文刊出的第二天，中区宪兵分部‘田村曹长’，带队来到我家，要将灵凤带回去问话，声称文中有煽动性及不友好的意念。”有人这样为叶灵凤辩解：“以叶灵凤当时的处境而言，日本人要利用他的名望做‘统战’工作，不会让你一直躲在‘白门秋生’的假面具后混日子，总得不时以本名‘表态’一番的。”叶灵凤在一九四五年一月二十一日发表在《华侨日报·文艺周刊》的《跌下来的果子》一文中也曾说：“最痛苦的，同时也是最坏的，是自己所不想写而又不得不写的文章。”

不只是写自己不想写而又不得不写的文章，叶灵凤还参加过一些与日本占领军有关的文化活动，陈君葆就在日记中记述了叶灵凤组织新闻学会的一些情形：一九四四年六月七日，“叶灵凤打电话邀我到松原茶叙，并交香版的一篇文章‘关于《广东续通志》’给我看。他并告诉我新闻记者协会成立已把我举了作名誉顾问，而这又是拿来代替新闻班的机构云。我想这已是无可与辩的事也只好听之而已，但究不知将来演变至若何形态。

并且将来又具若何妙作用”。七月六日，陈君葆又记：“叶灵凤们组织新闻学会邀我作名誉会员，已设法推辞，今天他们开成立大会，灵凤又写信来约去参加，并说‘总督也出席，而且有午餐’，我待不去，他打电话来说‘座位是排好的，缺席恐不好看’，于是我只得去了，在一方面看，倒像哺餟也似的。”在这个成立大会上，总督矶谷、海军司令大雄、总务长官计泊以及民治部长、宪兵队长等都有出席。坊间还有个传说，叶灵凤“又是日军报道部选派到东京出席‘大东亚文学家会议’的两名香港代表之一”，但叶灵凤的夫人赵克臻在写给罗孚的信中对此予以了澄清，说叶灵凤“从来不曾去过东京”。罗孚后来撰文也改变了说法，称叶灵凤“台湾，没有去过；外国，更没有去过”。关于这件事情，张泉发表在《新文学史料》的研究文章考证甚详：“关于中国代表的人选，日方本期望周作人、俞平伯、张资平、陶晶孙、叶灵凤、高明等名人能够参加，但实际到会的都是一些不太知名的人物”，“日本利用权威人物提高‘大东亚文学’号召力的设想，一开始就未能如愿以偿”。

郑思肖的“露根兰”

历史上不乏“奉命”做“汉奸”的人，例如袁殊。他二十岁加入共产党，立即就被派去参加情报工作，一干就是十四年，当到了汪伪国民党中央宣传部副部长，是个“奸”名远播的响当当的“汉奸”。据罗孚在《北京十年续编》一书中透露，袁殊后来常对人说：当时好像我们是演戏，幕后指挥的是潘汉年、王子春，台上演戏的是我，只要戏演好了，羞辱是个人的，算不了什么！叶灵凤似也是“奉命”做“汉奸”，内心肯定有难以排解的羞辱感，那个时期，他密集研究史上被迫屈节出仕的人物，表达的可能正是自己隐隐作痛的心曲。他写吴伟业：“吴梅村为明季诗坛一代宗匠，明亡后为时势所逼，更事新朝，后世论者对他的批评虽不同于钱牧斋龚芝麓，颇加曲谅，但他自己则始终以枉节自歉。”他写郑思肖：“郑所南最著名的逸话，便是自宋亡以后，画兰露根不着土，自谓土地已为番人夺去。所谓‘露根兰’，便是他的独创的画风。”“他晚年弃家漫游，耽信佛老，多寄寓寺院中，病亟自知不起，嘱他的友人唐东屿说：‘思肖死矣，烦书一牌位，当云大宋不忠不孝郑思肖’。自赞其像曰：‘不忠可诛，不孝可斩，可悬此头于洪洪荒荒之表，以为不忠不孝之榜样。’”

叶灵凤的悲哀还在于，他的心中一直有一个郁结，他的衷曲却一直难与人道。他的忘年交慕容羽军曾说：“和叶灵凤交往那段时间，什么都谈过，单是有关许多人声讨他战时‘落水’的过程，几度想开口问个究竟，可是，总觉这问题不适宜由我这‘晚辈’追问。有一次，曾经鼓起勇气，趁着向他讨教外国人以香港作题材的文学作品告一段落时，冲口而出说：‘有一个问题想了很久……’说到此处，却突然住嘴，忙改口说：‘那是很幼稚的问题，算了，还是谈别的吧！’叶老此时瞪着眼睛望着我，良久，说：‘我知道你想问什么，苏武的故事你应熟知，他从塞外归来，别人的目光不也对他投以异样的冷漠！’”“记得他曾对我说过：你曾在抗日前线担任过工作，那是正面的；有些人所做的是迂回的，效果应该是一样，想来，他是在替那一回的谈话作了注释。”不说“别人”，即使是陈君葆这样的知交，对叶灵凤也不是没有产生过须臾的怀疑。一九四五年八月二十三日，陈君葆在日记中写道：“灵凤的意志似见动摇了，他的《文艺周刊》时期的作风仍未能免。我真不明白，他留港的目的在发财呢，抑或在有所建树？现在的结局不晓得当时他们曾否有着真正的信心；抑或纯然投机主义？”说这话时，日皇刚刚发布投降诏书没有几天。此后的一个时期，陈君葆忙于重光之后各种重建事务，但与叶灵凤的酬酢并未减少，而且，他们的交情一直持续到终老。他们曾一同和文化界人士郊游，一同到

叶灵凤（左十一）、陈君葆（左五）与源克平（左三）、
曹聚仁（右二）等香港文化界人士郊游

香港佛门堂考研摩崖石刻，甚至分别将自己的女儿嫁给了招家兄弟。陈君葆曾有一首《贺叶灵凤长女文绚小姐出阁之喜》，诗云：“人似龙泉叶绍翁，断无消息隔床东。曾闻招子声华好，且喜卢刘族望通。”陈君葆还数次赋诗为灵凤贺寿，叶灵凤去世前一年写下的《贺叶林丰六十九寿辰》，更是对叶氏不平凡一生的盖棺论定：“一生岁月几知非，笑疾谁从问陆机。六十九年遽伯玉，圣人门户见马稀。”

叶灵凤手抱中娴与中美摄于家中齐白石画作前

叶灵凤的日记簿

那日在三联书店结完账，余光一扫，看见一册红色封面的美术日记，猜想会是汪家明的创意，打开来果然有他的序文。按汪社长的说法，人美在五十年代连续几年都要推出美术日记，很火了一阵，最多时能印到二十万本。第一本由设计大家兼诗人曹辛之编辑，所选的美术作品，并无一定体例，差不多属于见好就收，也难怪受欢迎。只不过随着自然灾害来临，这种奢侈品也就从此绝了迹，当年那些本子自然成了收藏界的珍品。这让我想起叶灵凤先生，他在香港也帮人编过一种《天天日记》，那还是一九五九年的事情。上次在香港三联侯明总编的办公室，她让编辑张小姐捧出一摞叶灵凤先生的日记本，说是叶先生的女儿叶中敏找出来的，正在

《天天日记》封面

委托小思老师整理出版。在大小样式不一的各种本子当中，我一眼就看中了这本《天天日记》，从设计到选图，真的是美不胜收，其中叶先生选的那些木刻，当然更是亲切。叶先生在本子开篇所写的一九七〇年日记题记中说，这一个皮面的本子，连同五百大洋，是给他选画的酬劳，一直空了十几年未用。现在看来有点可惜，就用作了今年的日记册子。他还写道，日记的主编人之一薛先生，已经在一九六九年中秋节次日因夫妻口角自缢而死，这也是他当年编这部日记时再也料不到的吧？我快速把一九七〇年全年的日记翻了一遍，一个活生生的叶灵凤先生顿时跃然纸上。

一九七〇年，内地的“文革”风暴已经过了高潮，香港这边也随之安静了许多，就像叶灵凤所记载的元旦那天的天气一样，“天晴和暖，有微风”。这一年，叶灵凤虚岁六十六岁，但却过早地迎来“老之将至”。最令他不堪的是眼疾，因为深度白内障，“眼前简直是一片模糊”。子女陪他去看眼的记载成为常态，但效果并不理想，“视力似越来越差，影响精神”，“目力不好，工作起来很吃力”，为此不仅“许久未曾开卷”，甚至连在《成报》连载的小说也不得不中止了。他还患有糖尿病, 医生说还有高血压现象,“各人皆劝我尽量休息”，“报馆同事不知怎样也知道了我的病况, 都劝我休息”。许多年如一日，叶灵凤都是要在晚间去报馆发稿，但现在不得不做出调整了。三月九日这天他终于做出决定：“以苏医生的告假信，托周鼎转给《星岛》当局，我拟目前暂作非正式的休假，在家编稿，着人送去，每隔数日去一次。”日常的一些应酬也能推就推了，例如“今晚曹聚仁本有松竹楼聚餐之约，只好辞谢了”，另一天，“《快报》招宴也辞了未去”。日常朋友间餐叙的主要是几个固定的饭搭子：黄蒙田、罗孚、严庆澍、源克平。

香港街道旧景

但在六月四日这天，他却张罗了一场规模较大的饭局，日记里也能透露出他少有的欢愉：

今晚八时，在红宝石餐厅招待朋友吃自助餐，共三十多人，很高兴热闹。这算是我的生日的聚会，今年他们大家约定送了许多礼。到十时才散。

尽管身体时好时坏，坏的时候居多，但叶灵凤仍然十分勤勉，他晚年最重要的几部著作——《香港方物志》、《晚晴杂记》、《张保仔的传说和真相》，都是在这一年整理完成，交付出版。他还开始写另一系列《香港书录》，还写译了另外一些连载文章。这固然是文人的习惯、朋友的文债，但更多的可能还是为了稻粱谋——他只有像机器一样不停地写作，才能勉强养活一大家子人。产出的减少使他的日子更见拮据，这一年甚至发生了一起卖画换钱的事件。那是在十月二十五日，女儿中慧突然抛出了一个难题：“中慧今天忽表示要与男友林君结婚，谓自己早将手续办好，已在婚姻注册署注册，一切从简，婚期已定在下月七日。问其为何如此匆促，使家中措手

《香港方物志》初版书影

不及。则谓各项早已决定，并不需要家中花多少钱，无推迟日期之意。”第二天叶灵凤犹在发愁：“近日经济甚窘迫。中慧忽然要结婚。多少必须花一点钱。甚为狼狈，因一时无从筹措也。”一筹莫展之中，只有一个办法——卖画。叶灵凤一生喜爱美术，认识的画家朋友亦很多，但他并没有什么家底。就像罗孚曾经说过的：“叶灵凤藏书虽多，藏画册虽多，藏画却很少。使他说起来就显得面有得色的，不过是汉武梁祠画像的拓片，和毕加索、马蒂斯作品精美的印张而已。”曾见过一张他抱着女儿中美、中娴与一幅齐白石画作的合影，这大概就是他为数不多的镇宅之宝了。最后，以齐白石画两幅，再加上其他几件印谱和端砚之类，送交他的朋友黄茅处，托集古斋出

《晚晴杂记》书影

让，也只换来港币三千元救急。

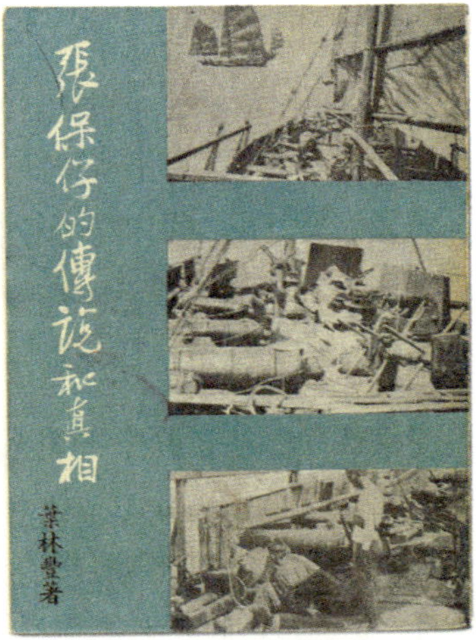

《张保仔的传说和真相》书影

转眼又到了岁末，“早起读报，忽见朱省斋兄讣告，已在昨晨去世。老朋友又少了一个，可慨也。”这一年的倒数第三天，他让女儿中绚陪往实用书店，付清书账三百余元，“并嘱将所订各种杂志停止”。他说：“这该是一生之中的大事之一，因这些杂志已续看了几十年未辍，可是现在目力不济，无法翻阅，只好毅然停止了。”接下来的一九七二年，除了记述十月二十三日施行白内障手术的题记，全年空白，只在这年的最后一天留下一句话：“略备菜肴，与克臻及儿女辈在家中度此除夕，同在窗前听午夜汽笛声。”

晚年的叶灵凤

叶灵凤在一九七三

时间来到一九七三年，年近七旬的叶灵凤急遽衰老。血压高，血糖高，只能靠增加药量维持稳定。三月一日的日记这样写："连日早睡，晨间早醒，不能安睡，白昼反而甚感疲倦。夜来遗尿在床，睡裤尽湿，老迈至此，真可叹也！"最要命的是眼睛坏了。上一年的十一月三十日曾经在养和医院割除左眼的白内障，这年的十月二十六日第二次住院手术，"因又生了一层薄翳"。眼镜换了一副又一副，还是看不清。放大镜买了一只又一只，仍嫌倍数小。有一次，与三女中敏又去商务购放大镜，选择许久，觉一小型者效果较佳，遂购下。谁知归后始知与已有者一模一样，不禁自道："可发一笑。"

"香港的自然是美丽的，尤其是花木之盛。"这是

阮朗像

叶灵凤小品《一月的野花》开头的一句话。他喜欢香港的自然，喜欢研究香港的花木虫鱼，也时常和几个老友到离岛、到山野结伴远足。一月里的一天，老友源克平恰好打来电话，约往长洲一游，但这次他考虑了三天，破例致电婉拒了，“因岁暮天寒，视力不佳，不想多跋涉矣”。非但不能远足，便是各种聚会，因为“皆要单独一人前往，对此甚感踌躇”。三月间新华社请春茗，勉力而去，被邀者多工商财贸界人士，有七八桌，因“视力不佳，人又不熟，大窘”。席散后还要由在外间等候的女儿送他回家。

阮朗回忆说：“连续几年里，叶老和几个朋友有一个先是定期，之后变成不定期的餐叙，天南地北聊聊。”“在我们中间，叶老当然是个老大哥，但他很风趣”，“我们的餐叙，用叶老的话来说，那是‘蜻蜓吃尾巴，自吃自’”。在以往，这种餐叙差不多每周一次，但“这一年半来叶老经常不到，不是不舒服，便是由于白内障动手术”。一九七三年，见于叶灵凤日记记载的，只有三两次而已。三月二日记：“今晚与罗、黄、源、严等在新美利坚聚餐，此种餐聚至本次已历九十九次，下次即一百次。”罗是罗承勋，又叫罗孚、丝韦、柳苏，当时是《大公报》副总编兼《新晚报》总编，十五年后，正是他替故友编辑了三册《读书随笔》，由三联书店出版后，在故国大地一纸风靡。黄是黄茅，又叫黄蒙田，当时担任集古斋顾问，是中国美术家协会在香港的唯一一个常务理事，与叶灵凤一样，都喜欢美术，都喜欢写小品。源是源克平，写诗的时候署名夏果。严是严庆澍，也就是写《金陵春梦》的那个唐人，与叶灵凤合出《新雨集》时，他的名字叫阮朗。

最痛苦的还是因视力不好，不能读书作文。“每日午睡时间甚长，耗时甚多，因此往往终日无所事事”。

以往每天手不释卷的情形不复出现，就是偶尔翻阅比亚兹莱画册，也要佐以放大镜才勉强可读。三苏也就是高雄，最了解作为一个“纯粹的读书人”的叶灵凤，在他逝世后，三苏曾在悼文中说：“我认识读书与爱书的人不少，但很少像叶老那样，把全部生活投入读书之中，把读书当作他生活的全部的。”“这几年来他的眼睛患了白内障而致连用放大镜也不能看书的期间，我想是他一生中最痛苦的时候了。”

写字也越来越困难。按照老人自己的说法，“眼睛手指都不听话，心情也差了”。阮朗也说：“平时他的字体秀丽，这时他的字体有大有小，而最小的一个字，也要占一般稿纸的三四个字格子大小。”那个时候，刘以鬯正在编《快报》，有一天，排字房的工友拿了叶灵凤手稿走来，对他说：“叶先生患了白内障，视力很差，作稿时写的字越来越大，前些日子，一千字写八百，我总在文末塞一块小电版的。后来，一千字只写六七百，必须塞以一块较大的电版。但是这篇稿子，虽然写满两张稿纸，排出来只得四百多！”岁梢源克平谈及拟出版一套丛书，取名“南斗文丛”，邀请他参加一册，但这样的身体状况使得写作几乎成为不可能，就是灯下整理旧稿，也“校读甚难”，常常未果。一贯勤于笔耕的他时常暗下决心，“若视力继续保持良好，当恢复写作，惜此余年。”不甘之下甚至还尝试由他口述和提供资料，请女儿中敏代笔，并以这样的方式完成了一篇纪念毕加索逝世的短文。

刘以鬯像

写作对于叶灵凤，既是爱好，又是工作，更是养家糊口的来源。壮年的时候他一晚写八九千字是常事，一旦不能写作，仅靠报馆的一点薪水，就有些“入不敷出”了。可屋漏偏逢连夜雨，“连日米价狂涨，每斤售一元者已涨至一元五毫”，“炭售至每斤四元（平时每斤在一元），且缺货。”虽然已经参加工作的几个儿女偶尔交来几百元贴补家用，但仍属杯水车薪。他没有积蓄，正像他的女儿叶中敏所说：“金钱之于他似乎是毫无保留的价值，堆满书架和地面的书本就是他毕生的积蓄，也是他最大的快乐和满足。”

在这一年的春上，他提到了变卖藏画：“黄（蒙田）又赴北京，几次想向他提起托售书画事，未果，待他这次返港一定要弄清楚，不想再拖下去了。”初读时我以为他是为五斗米折腰，可后来看到阮朗的《叶灵凤先生二三事》，才明白他原来有着更高的追求。阮朗说：“朋友们感受到叶老‘老而弥坚’的精神，他曾想办一份杂志，名字也定了，经费正在张罗，譬如卖掉藏画之类，可是这计划给日益高涨的物价扼杀了。”

叶灵凤虽说是美术科班出身，终身喜欢美术，可他似乎并没有太多书画珍藏，搜罗最多的不外一些名画的复制品。在他的藏书中倒是有一部镇宅之宝，这就是清嘉庆刻本《新安县志》。有一天，他灯下翻阅黄荫普氏《广东文献书目知见录》，又得知《新安县志》仅美国及广州（抄本）各有一部，“可知此志少见，我的一部甚难得也。”也有人惦记这部珍本。加拿大一所大学图书馆的胡女士，前曾任职香港冯平山图书馆，知道他藏有《新安县志》，托黄荫普询问是否有意出让。据说买方出价甚高，相当于如今的过百万元，叶灵凤明明生活非常窘迫，仍“告以不愿外流”。他生前不止一次表示，书要送给国家。在他去世后，他的家人完成了他的遗愿。

人至暮年，也到了回忆往事的时候。这一天，叶灵凤在读一本《四季》文学季刊，里面有该社同人访问他谈穆时英的文章。“重读一遍，往事不堪回首，思潮动荡，久不能止。”当时的《四季》编者沈西城在近著《本土文化圈沧桑史》中记述了当年在红宝石餐厅访谈叶灵凤的情形：“叶灵凤那时已有目疾，出入不便，很少接受访问，可为了老友穆时英，他还是由他的女儿中娴搀扶着来见我们。席间，叶灵凤畅论了当年日本新感觉派在上海发展的情况，提到穆时英和刘呐鸥这两位老朋友，叶灵凤的声音开始哽咽，眼睛也红了起来。”

那一天，写过《酒徒》、《对到》等小说的知名作家刘以鬯也在座，他还记得《四季》编者问叶灵凤“有

《六艺》封面

没有穆时英的照片”，叶灵凤说：“也许会有，不过找不到了。如果视力不这么差的话，可以凭记忆画一幅出来。”其实他和穆时英曾经共同出现在一幅漫画当中，那是鲁少飞一九三六年画的《文坛茶话图》，就刊登在他和穆时英共同主编的《六艺》杂志。漫画的说明文字中有这样一段话：“立着的是现代主义的徐霞村、穆时英、刘呐鸥三位大师。手不离书的叶灵凤似乎在挽留高明，满面怒气的高老师，也许是看见有鲁迅在座，要拂袖而去吧？”据说，《四季》访谈之后，叶灵凤意犹未尽，又给编者写了一封信，托黄俊东转去，信中一段话委实能道出叶灵凤的几许心曲：“他们两个人，都是我的好朋友，当年抗战发生后，忽然都遇到了这样的下场（指因附逆而遭暗杀）。当时在大义与私交之间，实在令我在感情上很难处理。过去是这样，现在也仍是这样。”

隔天，三育书店的车载青以曹聚仁的遗著两种见赠，分别是《我与我的世界》和《国学十二讲》。面对亡友的遗著，叶灵凤“展卷怆然，眷念故人不已”。曹聚仁也是由沪来港的作家，当他还在上海办《潮声》，鼓吹乌鸦主义的时候，叶灵凤就时常“见到他在望平街上出入于各书店之门”。在香港这些年，叶灵凤与他虽然没有发展成挚交，但也惺惺相惜。曹聚仁曾经对人说：“朋友中，书读得最多的，是叶灵凤。”他甚至在一篇谈鲁迅的文章中认为，“鲁迅也有不知之事，也会有错处”。说他渊博之处，未必及得上叶灵凤云云。叶灵凤直说“这次未免赞得太过分了”，但他也懂得投桃报李，称赞曹聚仁“读过万卷书，行过万里路”。在叶灵凤去世后的“三七”，罗孚和一班朋友特地到叶府凭吊，“大厅里的一只狗和另外的小厅里的一只狗此呼彼应地叫着”。罗孚说：“大厅里的狗是有来历的，老作家曹聚仁前几年迁去澳门养病，不久就去世了，这只狗是他行前

曹聚仁像

的托孤。”

由曹聚仁，他想起了更多的往事、更多的故人，想起了年轻时代的眼泪和欢笑，“想写稿，在心中构思，拟以《记忆的花束》为总题，分段而写”。可惜“视力差，快不能执笔也”。尽管如此，当香港的鲁迅研究专家张向天要求他绘一草图示意鲁迅在虹口的各个住处时，他随即表示“当奋力一试”，星期天即在家把草图画出。他说：“因我曾在‘大陆新邨’对面的兴业坊住过，所

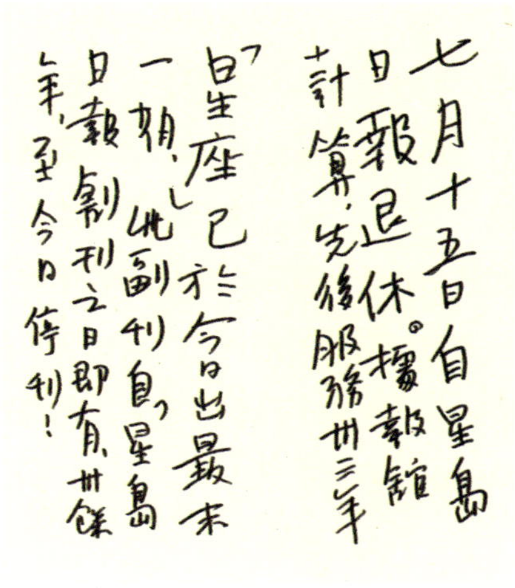
七月十五日自星島日報退休。據報館計算，先後服務卅三年。「星座」已於今日出最末一期，此副刊自「星島日報」創刊之日即有，卅餘年，至今日停刊！

叶灵凤日记手迹

以对那些地方较清楚。”这又何尝不是一种怀旧的举动？

病痛缠身的叶灵凤“就是不承认有病，不肯看病”，可事实却是，往医院和医生家跑得越来越多，往报馆跑得越来越少。终于有一天，他再也不用去报馆了，这一天是一九七三年七月十五日，他自《星岛日报》退休。据报馆计算，他在星岛先后服务三十三年。在他退休后的第二天，他长期编辑的副刊《星座》出了最后一期。当晚他在日记簿上用大字写下：“此副刊自《星岛日报》

创刊之日即有，三十余年，至今日停刊！”寥寥二十余字，极尽收敛，却浸透了无尽的惋惜和凄怆。莫日说：“《星座》可说是香港纷纭报纸副刊中，最富文艺气息的一个副刊了。”刘以鬯说：“由他主编的《星座》，在这个商字挂帅的社会里能够维持那样高的水准，足见他有一份可爱的固执。”《星座》的生命戛然而止，那个陪伴《星座》几十年的人，则像电影镜头一样，渐渐地淡出，而淡欲无。

叶灵凤的身后

叶灵凤是在一九七五年十一月二十三日病逝于香港养和医院的。他的忘年交黄俊东这样记述入院抢救时的情形:

> 上月二十一日，老作家叶灵凤先生，因为体弱受不了天气转凉的侵袭，竟然着凉，引致身体不适，呼吸困难，他的家人随即送他进入养和医院，聘请医生为他急救。据他的家人说，当时身体很弱，叶先生已不能说话，情况十分危殆，虽然用氧气筒，也不见好转，医生说他患的是急性肺炎，若不能挨过三天，恐怕不易生存，结果是过了两天，即二十三日中午，叶先生不幸与世长辞。

由于他的急病来得突然，事前没有人知道他会一病不起，因此一句话也没有留下，弥留之际，有几次稍微清醒，似乎要和他的家人说话，可是一个字都说不出来，就遽焉淹化了。

叶灵凤遽然去世的直接病因固然是急性肺炎，但根本的问题还是“身体的长期衰弱和抵抗力的几乎等于零”。他的女儿叶中敏说：“血压高和糖尿病是长期的慢性病，对患者的体质是一种无形的消耗和削弱”，“这大半年来，我相信爸爸已经感觉到自己日渐衰弱这一事实，所以初期是一时执拗的不肯去看医生，到后来他自己也知道药物的作用已经不太有关系，就更加不肯去看医生了。他去世前的几个月，心情一定是很不好过的。”

身体不好，心情也不好，就连坚持了许多年的每周餐叙有时也不去了。他的好友夏果，也就是源克平说：“近十年来，每星期都依时相约聚会一次。最近一年多霜崖体弱多病，不常参加聚会，但有时还带着小女儿赴席，他没有表现出什么病态，依然谈笑如昔。大家还是关心他的病体，有时会联袂到他家里相聚。”他的另一个好友阮朗，也就是写《金陵春梦》的唐人严庆澍说：“连续几年里，叶老和几个朋友有一个先是定期，之后变成不定期的餐叙，天南地北聊聊。这一年半来叶老经常不到，不是不舒服，便是由于白内障动手术，大家为他的健康担忧。……直到叶老逝世前三几天，几个朋友还在互约时间，而因有几位定十一月二十一日旅行桂林而延期，没料到叶老恰巧在是日送进医院，在朋友以为是生离，在叶老却是死别了。”

十一月二十四日，《华侨日报》刊发新闻稿《名作家叶灵凤昨晨病逝廿五举殡》，全文是：

（港讯）著名作家叶灵凤先生昨（二十三）日中午病逝养和医院，终年七十一岁。

叶灵凤江苏南京人，早岁来港。从事新闻工作三十多年，著作颇多，笔名有叶林丰、霜崖等。近年体弱，已经常卧病，本月二十一日上午因患肺炎送院，医治无效，延至昨日中午十二时病逝。遗体已移香港殡仪馆，定于本月二十五日下午二时半大殓，三时出殡，择日在哥连臣角火葬场火化。

同日，叶灵凤遗孀叶赵克臻率子女在《新晚报》刊发讣闻。落款的子女包括：男大伟、中健、中辉，媳黄桂华、钟仰顺，女中绚、中明、中慧、中敏、中美、中娴，婿招显智、陈耀洪、巢国钧，孙男超骏，外男孙招嘉智、招嘉业。他的次女中明六岁时就夭折了，得的也是肺炎，“得病仅二日”便告不治，“葬于跑马地天主教坟场”。中明的死使叶灵凤很伤心，日记中辍了将近两年。孙男叶超骏虽然才九岁，但却很懂爷爷的心事，看到大人们选了一些书籍放进爷爷棺木中时，他在旁边说：“放一本《人民画报》吧，爷爷喜欢从头看到尾的。”

丧礼于十一月二十五日在香港殡仪馆举行，据《华侨日报》报道，前往吊唁的生前友好，以及新闻、文化、出版、电影、工商界人士多达数百人，尤其引人注目的是，出现了不分派别同来吊唁的奇观。具有台湾地区背景的《万人周报》对此还专门进行了报道，刊于十一月

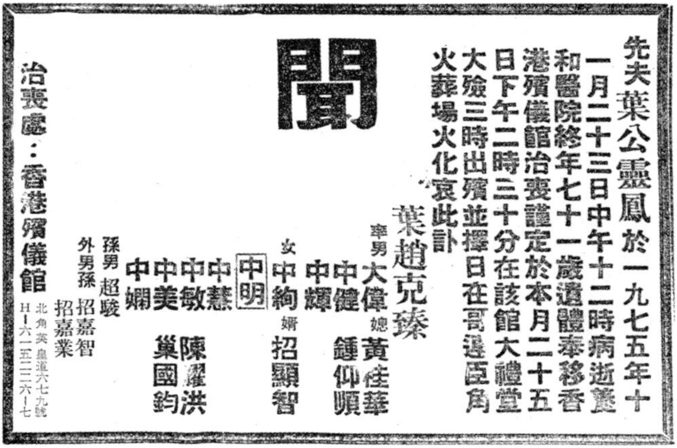

先夫葉公靈鳳於一九七五年十
一月二十三日中午十二時病逝養
和醫院終年七十一歲遺體奉移香
港殯儀館治喪謹定於本月二十五
日下午二時三十分在該館大禮堂
大殮三時出殯並擇日在哥連臣角
火葬場火化哀此訃

聞

葉趙克臻

率男 大偉 媳 黃佳華
中健 鍾仰頤
中輝
女 中絢 婿 招顯智
中明
中慧 陳耀洪
中敏
中美 巢國鈞
中嫻
孫男 超駿
外男孫 招嘉智
招嘉業

治喪處：香港殯儀館
北角英皇道六七九號
H—六一五二二六—七

赵克臻率子女在 1975 年 11 月 24 日《新晚报》刊发的讣闻

二十七日头版的这篇“本报讯”称：

一名被左派报纸称为热爱“祖国”的新闻界人士叶灵凤去世，左右派报人一同吊唁，于是在左派报纸上出现了左右两派报人同列的签名，成为香港报业的一个奇观。……

叶灵凤与今圣叹（右）、三苏（中）

《万人周报》还称叶灵凤“死后备极哀荣”。与《万人周报》大概同属一个报系的《万人日报》，则在十二月十七日发表了今圣叹的《悼叶灵凤先生》，该文更在结尾处直言：“此公对人无忤，十分方正，学有专长，著作不苟。他死了，我是真心悲悼的。”这恐怕也代表了那些与叶灵凤有交往的各派文人的共同心声。三苏在《成报》著名专栏《经纪拉与小新闻》中也写了一篇《送叶老之丧》，文中也说：“叶先生一生淡薄，待人和气，从不与人忤。”

关于“左中右”问题，叶灵凤的好友罗孚和黄俊东都曾讲到过。罗孚说：“至少在香港，他是并没有‘转向国民党方面’的，尽管和国民党的人有所往来。一般被认为右或中间的作家以至左派的作家，他也都各有接触。这样，

《时代姑娘》书影

就成了左、中、右都有朋友的局面。而在左派之中，也有人认为他右，甚至在他去世之后，还有生前和他有来往的极个别的左派人士说他是‘汉奸’的。真是难矣哉！”黄俊东则说：“叶灵凤的晚年，适逢内地发生‘文革’，虽然他身在香港，但多少也受影响，最明显是‘含冤’未能平反，朋友逐渐疏于来往。……由于环境特殊，因他常在当时被认为‘左派’的报刊上长期撰稿，所交朋友也多‘左派’作家，因此与他同事的一些朋友不免视

他为左派的作家，而左派报刊的朋友又因为他在‘右派’的报刊工作，不免又视他为‘右派’分子，处于这特殊政治氛围的叶灵凤，他是从来不表示什么的，但内心的寂寞是越来越明显的。”

黄俊东当年还感慨：“我觉得他死得不大合时，因为他的许多朋友都不在这里，也不便写悼念文章。我记不得当时是否有报刊为他出版过逝世特辑（印象中好像没有）。但是我与沈西城兄却为他的死而出版过一个特辑，刊在沈兄编的《大任》周刊，叶先生死在当年十一月下旬，我们在十二月十一日出版的一期已经推出特辑。”他还说：“无论如何，当时在左右派报刊都无人敢为叶先生出一个逝世特辑之下，我们能够借《大任》而推出图文并茂的特辑，也算是很难得的事。”那一期的特辑叶灵凤的女儿叶中敏送过我复印件，开篇是沈西城的《写在叶灵凤特辑之前》，接着便是黄俊东的《老作家逝世了——悼叶灵凤先生》、翁灵文《怀思叶灵凤先生》、区惠本《叶灵凤与香港史地的研究》。三苏的《悼叶灵凤先生》则是转载自《明报》副刊。区惠本有笔名孟子微，是与黄俊东相熟的藏书家和作者，他第一次到叶灵凤家拜访就是由黄俊东相偕，叶灵凤在一九六九年五月三日的日记中有详细记载，也可看出叶对于他的重视：

> 下午二时，黄俊东、刘一波，偕孟子微来。孟过去多年曾在《大公》《文汇》写文史文章，甚获好评，但大家却不知他是谁，曾访查邀约亦无结果。上次黄说与此人是好朋友，今日果然相谐见访。始知近日在《星座》投稿之于徵也是他。他自称姓区，名惠本，曾在新亚书院研究院毕业，现在一家出版社工作。记忆力甚好。对过去我在各处所写文章，如数家珍，他说读书亦受了我的影响，趣味是多方面的。谈了一会，邀他们出去到红宝石喝茶，至六时许始散。

至于黄俊东所说的“图文并茂”，除了叶灵凤晚年照相一帧，还有黄俊东所藏叶灵凤早年著作《时代姑娘》、

《鸠绿媚》、《新俄短篇小说集》以及《幻洲》半月刊的书影，并有一幅早年叶灵凤所作比亚兹莱风格的插图，这对于当时的香港读者，恐怕是闻所未闻的。翁灵文年青时在北方读书，当时就受到叶灵凤很深的影响，他自己说："虽然战前两年和战后都和叶灵凤先生在这天涯海角，而且是早已心仪，但我们却不相识。"他和叶灵凤的相识也是基于同样的爱好，他在一家晚刊发表了一篇《搜集名画复制品》，翌日叶灵凤便在他的霜红室随笔专栏中以一篇《我也有这癖好》回应，文章说："读到 ×× 先生的《搜集名画复制品》，使我非常高兴。我还不知道是哪一位朋友的笔名，但他既喜欢搜集名画复制品，即使不相识，至少也可以称得上是同道了，因为美术科班出身的我，一向就有这癖好，而且这兴趣至今仍像年轻时候一样浓烈……"翁灵文亦喜藏书，有一次他在旧书铺买到一本叶灵凤在香港印行的散文随笔集《忘忧草》，竟是叶灵凤签赠夏衍的，非常珍贵，跟叶灵凤熟识后，就想物归原主。叶灵凤也颇感意外，继说："这本书我处有着二本，还是你留下吧，送书者和受书人你都相稔，总算有点纪念性。”翁灵文的这篇文章中就附有叶灵凤在《忘忧草》扉页签赠的手迹。

《新俄短篇小说集》书影

黄俊东无疑是深受叶灵凤影响的一个，许多年过去，仍然止不住对叶灵凤的怀念，又写下一篇《叶灵凤逝世二十周年》的长文。在这篇文章中，他还透露了一个未及实现的与叶灵凤的约定：“当年他答应过笔者谈些文坛掌故、人物回忆，用录音的方式录下，以待将来发表，但是居住得太远，且为生活奔波，一时无暇去做，后来他又身体不适，以致迟迟未曾实现，实在可惜。”叶灵凤未及实现的心愿又岂止这一个？他的好友黄蒙田就说起过叶灵凤计划写而不曾完成的另外几项工作：一是，他有意写一部《三江记》，内容是用文艺笔调写长江、黄河和珠江的人文和自然。二是，他曾经多次表示想写一本《世界版画史》，初稿已经大约写成了五章，插图很丰富，这本他最想写的书最终没有完成，这是非常可惜的。三是，为他喜欢了一生的薄命画家比亚兹莱写一本传记，这个愿望，即使在叶灵凤自己的日记中，也是反复提及。例如

新安縣志卷之七

建置畧 城池 廨署 學校 壇廟 津梁 坊表

王者創建不拔宏綱細目次第具舉所以大一統也邑雖荒僻而其規制亦有可得而述者夫環山作鎮濱海爲池實墉實壑金湯固焉敬爾在公向離出治堂上堂下觀瞻肅焉推之塾序黌庠崇學也壇壝祠廟尊神也而且津梁無病涉之憂坊表寓闡揚之意類而析之粲然大備矣志建置

钤有“灵凤藏书”印的《新安县志》之一页

一九六七年八月二十日云：“夜雨，在灯下读一册比亚斯莱的短篇评传，我想为比亚斯莱编一部作品选，附一篇评传，此念蓄之已几十年了，念念不忘，必欲发奋成之！”

叶灵凤的爱书是广为人知的。三苏在悼念文章中就

说：“叶老是一个标准的读书人，也可以说是一个纯粹的读书人……我不知道他究竟有多少藏书，不过每当我看到他的大书桌上堆满了新书旧书，围成一个城堡一样，而这城堡的书又不时变换，我才想到这样才算是一个读书人。”叶灵凤的女儿叶中敏深知，“堆满书架和地面的书本就是他毕生的积蓄，也是他最大的快乐和满足”。叶中敏有一点心愿，“是希望和家人一道，把爸爸毕生心血所在的藏书好好处理，使这些书还能够为更多的人服务”。“爸爸病逝前没有留下什么嘱咐，但是我想，我们这样处理他的遗物，他是不会不同意的。”在叶灵凤身后，他珍藏的无价之宝《新安县志》被送回了他心心念念的祖国，其余的近万册藏书则全部捐献给香港中文大学图书馆。叶灵凤去世后二十二年，如他所愿，香港回归中国。

绿云画《沉醉春风》封面

《红毛聊斋》一脔

叶灵凤一九六九年五月一日日记说："今晚为《成报》三十周年纪念，在报社设宴，我为他们写连载小说已十多年，以《一千零一夜》为题材，取名'红毛聊斋'已续用了十多年。社长何文法最近向我提议，该另换新题，以新耳目。今日与他谈此事，决定以希腊名著《金驴记》为底本，另撰《变形奇记》作连载，三四日后即开始。"卢玮銮为本条日记所作笺注也不免感慨："追查《成报》副刊，始知《绘图红毛聊斋》自一九五六年五月一日起刊出至一九六九年五月六日全书完。一个专栏连载十多年，实属罕见。"叶灵凤一九五六年日记不存，在该年所记稿费收入中，自五月起始有"成报"项："成报一百五十元（五上）"。猜想是每半月支取一次，月付三百。张咏梅为该条稿费收入所作的注释说：“叶灵凤（笔名‘秋生’）著，绿云画：《绣像红毛聊斋》，于一九五六年五月一日开始于《成报·谈天》连载，一九六六年一月二十三日更名为《红毛聊斋》，至一九六九年五月六日完结。”

关于结束《成报》连载的情形，叶灵凤一九六九年十二月十九日日记有记：“在《成报》所写的连载小说，日内将完，日前曾写信通知他们不拟再写下去。本来在二十二日可以刊完。后来何文法来电话，谓不及找人替代，要求延长至本月底，只好答应了他。”又说：“为《成报》写小说已十五年，也觉得有点倦了，趁这休养目力机会停了也罢。若是有时间，该用来整理一下自己历年积存的旧作。”连续十五年，每月三百（后来提到四百），也是一笔固定的收入，一旦停下，对于家用多少有些影响，所以叶灵凤即刻也有应对的打算：“不写《成报》小说，每月少了四百元收入，拟整理旧稿为单行本，以此暂时来弥补。”叶灵凤在香港所出的几个单行本，大半集中在这一时期，所以，从另一方面看，停掉这个连载，也是读者之幸，否则，就连这不多的几个单行本也不一定有了。

《成报》连载的最后一篇写毕于一九六九年十二月二十八日，这天的日记说："今日写毕《成报》的'卅一日'续稿后，已不必再写。这项连载已写了近十五年了，也该休息一下。他们在元旦日请客，仍发了请帖来。往年有时不去，但是这一次在人情上反而不能不去了。"一九七〇年一月一日日记说："今晚《成报》邀宴，七时三刻前去。大家知我因眼疾中止为《成报》写小说，不免慰问一番。"与这个相处十五年的"老朋友"作别，难免有几分怅然。叶灵凤的怅然，是通过"她者"来表达的，一九七〇年一月六日日记说："昨晚往《成报》取稿费，告那个听电话的曾姑娘，我已停止为《成报》写小说，这是最末一期的稿费了，以后不再来了。她听然似乎有点怅然，因为经常经她手上取稿费已有好多年了。"

《红毛聊斋》没有出过单行本，叶灵凤的各种文集选集中也从未见过选录，所以未免有几分好奇，便想尽

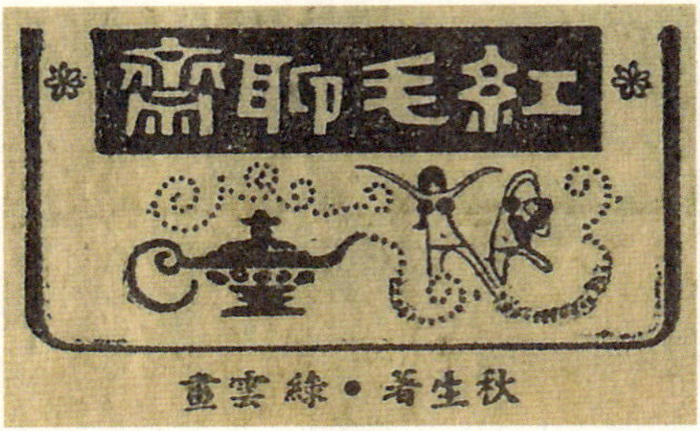

《红毛聊斋》栏头

办法买早年的旧《成报》，不想真的淘来几张，虽说《红毛聊斋》只有三篇，但也足够尝鼎一脔了，这里就把这三篇稀见之文录下，以与同好共享。

《红毛聊斋·微行述异》（刊《成报》一九六七年十一月二十五日第六版）

且说有一天·苏丹王哈隆阿拉讫·朝罢退居便殿·忽然觉得寂寞无聊·坐立不安·他将御前侍卫长马索召到座前·向他说道·马索·不知如何·我今天心怀郁闷·不知如何是好·我想你给我找一个解闷的方法·马索听了·跪下来回奏道·陛下·若

是觉得烦闷·你何不到御花园去散散心·欣赏新开放的鲜花·倾听悦耳的泉声和鸟语·一定可以消愁解闷·苏丹王回答他说·马索·你所提议的正是我最厌恶的事情·这样做绝不能使我消愁解闷·马索又顿首说·那么·陛下何不回到后宫·吩咐陛下所有心爱的女奴·叫她们穿上最华丽的衣服·在陛下面前弹唱歌舞或是说笑·陛下见了一定会高兴·忘去自己心中的烦恼·苏丹王鼻中哼了一声·向他嗤之以鼻道·胡说·这种事情岂能使我忘忧·马索恐惶的俯伏在地·想了一会回答道·那么·陛下何不传旨召集御前那些饱学之士·叫他们在圣上面前吟诗论史·为陛下解闷如何·苏丹王摇头说·马索·这样的事情也不能使我解闷·你想想看还有什么别的好方法·马索又低头想了一会·然后俯伏在地·诚惶诚恐的说·陛下·我现在明白了·请陛下现在就传旨·将奴才推出斩首·这样也许能使陛下暂时开心·苏丹王听了哈哈大笑·摇摇头说·马索·你的人头留作将来别用·现在还不需要·你且给我到殿

门外去看看待诏御前大臣是谁·叫他进来见我·马索奉命起身·走出殿外·见到当值的乃是文臣玛素尔·当下就召他进殿·觐见完毕·苏丹王赐坐·对他说·玛素尔·我今天心中郁闷·你有什么新奇的故事·讲一个给我听·使我的郁闷解散·玛素尔顿首说·陛下·你喜欢听的故事·是古往今来的历史故事·还是街头巷尾的市井传闻·苏丹王说·我要听的乃是新奇有趣的故事·不论新旧都可以·于是玛素尔就讲一个他在外面所听到的故事·苏丹王听了·心中果然轻松不少·但是还不会完全通畅·因此遣退了玛素尔·一夜无话·到了第二天早朝之后·苏丹王哈隆阿拉讫将首席大臣吉亚发召到便殿·屏退左右对他说·吉亚发·我拟微服出宫去散心·带了你和马索·我们三个人一起乔装到民间去察访·听听他们的议论和憎爱·这样也许能令我胸怀舒畅·吉亚发顿首说·既是圣意如此·奴才敢不遵旨·不过圣上微服出游·容易被人言语冲犯·甚或有些无知愚民·在圣驾前放肆·使圣上心中不

快·又不便发作·奴才请圣上三思·还是不要去的好·（一）

《红毛聊斋·微行述异》（刊《成报》一九六七年十一月二十七日第六版）

大臣吉亚发听到苏丹王见了这个人家门楣上的题句·就想敲门进去询问·连忙加以阻止道·陛下·千万不可造次·我认为这个人家的主人在门上题了这样铭句的用意·就是劝告别人休要过问他家的私事·我看还是不要去惹事的好·苏丹王听了·俯首不语·过了一会·忽然又向吉亚发说·吉亚发·你给我敲门去讨一杯水喝·吉亚发知道圣上决意要一试·这一次不敢再违抗·答了一句敢不遵命·就上前去敲门·不一会·里面就有一个奴隶模样的人物·向他们君臣三人看了一眼·这么问道·请问来敲门的是谁·有何贵干·吉亚发见到这奴隶彬彬有礼·就这么答道·大叔·我们是过路人·觉得口渴

难耐·敲门想讨一杯水喝·奴隶说·如此请少待·说罢就关门进去·向他的主人回报·这家大屋的主人名叫曼查布·还是个年轻人·奴隶向他禀告道·主人·门外有三个不相识的过路人·口渴敲门要求喝水·曼查布向奴隶问·是三个怎样的人物·奴隶回答道·三人之中·其一像是主子·坐在门灯下的石凳上·一个站在他的右首·这就是来敲门的人·另一个是黑奴·远远的站在一边·三人都举止安详高贵·不像是普通人士·主人说·既然如此·对他们说主人有请·不可怠慢·奴隶奉命出外·开了大门·恭敬的邀请他们三人·说是主人有请·请进去小坐·苏丹王听说·就站起身来·由吉亚发和马索侍从在后·一起走进这座华丽的宅第·苏丹王抬头一望见到在入门的大厅之上又悬有五盏巨灯·分别挂在墙上·每一盏灯下·都镌有铭句·那文字同镌在外面门楣上的一模一样·每一处都用一盏巨灯照着·使得那些文句看得格外分明·同时·厅上的陈设·也华贵大方·俨然是王侯的气派·苏丹王见了·不禁

暗暗的点头称赞·奴隶领着他们一路前进·经过穿堂·来到客厅之上·年轻的主人早已迎了过来·两旁侍立着许多黑奴·听候差遣·主人十分有礼的邀请客人进厅·他自己先就了主坐·然后邀请苏丹王在他对面的主宾座上坐下·再在苏丹王的座后另设了两个座位·邀请·吉亚发和马索分别在他的后面坐下·苏丹王自恃他们君臣三人都是化了装的·但是对于主人观察他们彼此不同身份的正确·也不禁钦佩·主人待他们坐定之后·向他们表达欢迎之意·然后再向他们念了几句颂词·大意说如果知道他们是谁·那固然更好·就是不知道·情形也是一样·因为凡是经过真神所安排的·给彼此带来的总是善意和幸福·（三）

《红毛聊斋·微行述异》（刊《成报》一九六七年十一月二十八日第六版）

大厦主人曼查布向这三个陌生的客人致敬完

《红毛聊斋》插图，绿云画

毕之后，就吩咐侍立左右的仆人，拿出家中最好的小食饮料来招待客人·等候乔装了的苏丹王君臣吃了一些之后·主人就恭敬的向他们表示歉意说·客人·由于真神善意的安排·使得我能有机会招待你们·不过由于时间短·仓卒之间来不及准备·只能以现成的一切供应·敬请原谅·希望今天是彼此最幸运的一天·带来的都是幸福和愉快·苏丹王听了·心中畅快·脸上展开了笑容·胸中结积的郁闷已消失了大半·再三向主人道谢·这时主人就站起身·邀请三位客人进入另一座大厅·安排他们坐下之后·就有仆人送上·各色鲜果以及蜜饯甜肉·这些都是供客人下酒的小吃·接着就捧上了各式美酒·斟在客人面前的玻璃杯里·主人举杯邀请客人一连干了几杯之后·就拍掌示意·从厅外走进了一队乐队·附有五名歌女·他们在客人面前演奏歌唱了一遍之后·就退出厅外·接着就有第二队走进来·这样一共来了二十队·消磨了一小时的时间·在这期间·主人频频的劝酒·苏丹王的心怀也愈来愈开朗·直到有一个歌女·特地为苏丹王唱了一支小曲·听得苏丹王特别高兴·一手撕开了自己衣服的领口·屋主人见了·站起身来向苏丹王祷祝说·客人·但愿你的仇敌和忧愁·在你的手下同样被撕成碎片·主人祷祝完毕·就挥手叫另一个歌女继续向客人献歌·这个歌女走到大臣吉亚发的面前·向他唱了一首小曲·吉亚发听了·也像他的主子·激动的大叫一声·撕破了自己胸前的衣服·主人见了·连忙叫仆人总管从衣箱里取出两套新衣给客人

换上·身材大小非常适合·仿佛是度身特制的一般·主人继续向客人敬酒·祝客人换穿新衣后会带来更好的佳运·祷祝完毕就示意另一个歌女继续向客人献歌·她走到侍卫长马索的面前·曼声唱了一首幽情的小曲·听得这个昂藏七尺的彪形大汉·也忍不住大叫一声·撕裂了自己身上的长袍·主人见了·连忙向他祷祝·随即叫仆人也取出一件新袍给他换上·然后三个歌女一起·对了主人也唱了一首小曲·听得主人感情激动·忍不住一手撕裂了自己胸前的衣服·大叫一声·昏倒在地·苏丹王同吉亚发连忙站起身来·将他扶住·曼查布的衣服撕破以后·苏丹王发现他裸露出的腰肋部分·有许多伤痕·全是皮鞭藤杖留下的创痕·这些都是官府刑罚所致·苏丹王一见主人身上有官刑的创痕·大吃一惊·连忙指着这些伤痕叫大臣吉亚发注意·（四）

由此看来，《红毛聊斋》并非简单的直译，而是蛮有古意的改写。虽然故事的进展非常缓慢，但也不乏吸引人读下去的悬念，也难怪能够一写就是十五年，读者也不觉得厌烦。可惜旧报难寻，难以窥其全貌。这个连载的引人之处，还在于图文并茂，做插图的署名绿云，是香港一位鼎鼎大名的插画家。香港小说家林荫亦曾与他有过合作，在《为小说添上华衣——插图巨匠绿云小记》（收入罗琅主编的《炉峰文集二〇一〇》，天地图书有限公司二〇一一年版）中，林荫说：“他的插图充满电影感，把小说作者描写的人物动态和场景氛围，像摄影师运用不同的镜头，充分地表达出来，往往弥补了文字描写的不足，增加小说的可读性。”林荫还透露，绿云亦曾以“打油郎”的笔名在报纸副刊发表漫画配打油诗，笑骂人生，针砭时弊，在八十三岁高龄时结集成一册《浮世吟绘》。尤为难得的是，林荫为我们挖掘了一些这位略有神秘的画家的生平履历：

> 他年仅十三岁，就以插班生的身份考入广州市立美术学校，成为第一届毕业生。同期有知名画家伍千里、吴婉等。

他十六岁进入社会工作。第一份职业是在广州番禺市桥镇的政府机关办事。

他曾在广东新会女子中学教过美术，也在香港办过学校。他与香港报纸结缘六十多年，是历史悠久的《华侨日报》第一任“侨乐版”的编辑，后因应聘回广州《群星报》工作，该版由名画家郑家镇接任。

他曾为香港许多老牌的报纸上的著名作家的作品绘过插图。其中包括：怡红生、碧侣、南宫博、灵箫生、望云、宋玉及高雄等。

他绘的第一幅插图是怡红生的纸小说，而与报结缘最后的一幅插画，是替林荫一九九一年发表在《香港商报》的长篇小说《马莉亚的迷惑》绘的。除此，他也写过小说、散文和诗词等作品……

林荫在文章末尾还透露，“绿云前辈于二〇〇三年沙士肆虐期间染上并发症逝世，享年九十岁”。这样说来，绿云的生年应该是二〇一三年。他的本名叫作张艾。

我没有找到绿云的《浮世吟绘》，但却有幸淘到了更为珍贵的绿云插绘的出版物，这便是“别体小说”大家怡红生的《春风沉醉》。书由香港业余出版社于一九四九年四月出版，为“香港成报小说”系列，十六开本，上下两册，封面彩绘，正文专色印刷。怡红生在《序》中说：这还是他第一次出版小说单行本。他还特别感谢了绿云的插绘和装帧：

> 本书的插图，装帧，都是名画家绿云兄所执笔，绿云兄的作品，散见市上书报，总与读者神交多时，本书插图，笔法细腻，线条明朗，画中神韵，跃然纸上，这显然是给读者以更大的满足，可以读小说中的画；也可以读画中的小说。

值得一提的是，叶灵凤与绿云的合作并没有随着《红毛聊斋》连载的完结而完结。《红毛聊斋》之后，叶灵凤应《成报》之请而连载的《变形奇记》，仍是由绿云作插画。

蕗谷虹儿的画

叶灵凤买西洋画册

叶灵凤自幼喜爱绘画，中学毕业后便到上海就读美术专科学校，一度也曾以画家身份驰名文坛，虽然很早就封存画笔，专事写作，但对于美术的热情未有稍减。陈君葆《寿叶灵凤六十》诗云：“雾豹文章何落落，蠹鱼箱箧自休休”。在那“蠹鱼箱箧”里，自然少不了他一生钟爱的西洋画册，而这箱箧的日渐充盈，也是有着别样的甘苦甜酸的过程。

还在上海的时候，叶灵凤就拥有了一批丰富的藏书，当中就包括比亚兹莱、蕗谷虹儿等人的精美画集。比亚兹莱的是一本英国原版的《莎乐美》，“十六开的大本，附有比亚斯莱的全部插图，封面是硃红色的，用金色印了比亚斯莱设计的孔雀裙图案草图，富丽堂皇”。两册蕗谷虹儿画集是创造社前辈郑伯奇用身边剩余的日本钱在内山书店为他买的，“这全是童话插画似的装饰画，使我当时见了如获至宝，朝夕把玩”。一九三八年，叶灵凤南来香港，那批书几经转移托寄，最终全部失散于战火之中。每当念起自己离散的旧爱，他都会吟诵司空图的诗句：“得剑乍如添健仆，亡书久似失良朋。”那一批书，可都是他“用最初写文章所得的稿费，甚或是在学生时代节省了车钱”，一本一本积攒起来的。

“人生百病有已时，独有书癖不可医”，转战香港的叶灵凤顽强地开始了第二次积累，但不久香港也告沦陷，覆巢之下，书肆画廊纷纷关门大吉，买书读画这类风雅之事自然沦为奢侈之举。我们在叶灵凤的记载中，也只见到过那么一次买画的经历，那是在日本投降之前半年，买的是 Clarke：“想买 Clarke 插画的爱伦坡小说集，多年未见，最近无意得之，虽然封面被撕去，复失去彩色插画三帧，然而已经够满足了。”这本没有封面的残书得于何处，叶先生没有交待，猜想是在摩罗街之类冷摊。战乱之时民生凋敝，拿书换米的大有人在；

逃难归乡如走马灯一般，临行散书也是司空见惯。

重光之初，百废待兴，书市也难立刻恢复往昔繁华。一九四六年四月八日，老字号别发书店恢复营业，叶灵凤“特往浏览一遍，偌大店面，书佳寥，数百册，而且价贵，一无可购”。那当儿，“毕加索已成为现代画派之第一人”，但叶灵凤“至今尚未能买得毕加索之画集”，念兹在兹，“又托别发书店往订购”，在没有毕加索画册的日子里，只好“从各处剪下毕加索彩色复制品”，聊以望梅止渴。一直到一九四七年的四月一日，别发书店才送来他订购的《毕加索——艺术五十年》，不巧“身边没有钱，特走去新生晚报借来稿费一百元应付”。过了将近两个月，别发书店又来电话，谓所定购的另一本毕加索画集已到，竟又“无钱去取”。一周之后好不容易筹够了钱到书店取书，“但谓候我多日不来，已卖去了”。叶灵凤仰天喟叹：“没有钱的影响，夫复何言！”多年之后他还忘不了这事：“数年前曾订购毕加索的素描集一册，系仿原尺寸的大画册，定来后一时无钱去取，竟为别人购去，后来绝版不能再得。此心至今梗梗未能

毕加索《三位荷兰女子》，熊皮俱乐部藏

忘也。”

好在总算有了一本毕加索，更何况“翻阅之下，果不负期待。印刷及编排都好”。当天就“翻阅至深夜，为近来仅有的一件痛快事”。后来的一阵子，他又添置了不少毕加索画集和传记评论，其中还有一册毕加索近年的彩色版画集，“取出来放在一旁对看，颇有味”。他曾写过好几篇毕加索，在《毕加索的版画》中，他对毕加索的尊爱之情溢于言表：“毕加索并不是纯粹的版画家，就他的艺术活动来说，版画可说是他的业余产品，然而仅就数量来说，就已经超过了许多纯粹的版画家。”“毕加索的素描，他的线条的准确，流利和潇洒，简直有点像我国的画评家称赞吴道子的白描那样：下笔如春蚕吐丝，无往而不便利自如。他的素描功夫，在西方艺术中是古今都没有第二个人能比得上的。”多彩多姿的毕加索陪伴了叶灵凤有些萧索的余生，在他下世后，他的家人特意捡了两本他喜欢的画册一起火葬，一本是比亚兹莱，另一本便是毕加索。

在叶灵凤所买的画册中，有关书籍装帧与插画的，

吉宾斯像

占了不小的比重。他买过英国画室出版社出版的几集《书的艺术》，他固然喜欢莫里斯及比亚兹莱等人的装饰风格，但也认为“捷克荷兰等之排版及插图，有时比习见之英美别具一格，甚为可观”。作为一个爱书家和书籍装帧家，叶灵凤对于书籍插画有着精深的见解，他认为：“至于插画，尤其是文艺作品的插画，它的作用决不在装饰，说明，或解释某一些章节。它必须是这一部作品另一个手法的表现。这样的插画才可以不与作品的精神游离，而它本身又不失为独立的艺术品。”正因如此，有时候他对插画的关注甚至超过了文学作品本身，颇有一些买椟还珠的况味。在一九四六年三月的一天，他读了福楼拜的《萨朗波》（*Salammbo*，旧译《沙兰波》）。读后他说：

“同法朗士的《黛丝》一样，我不喜爱其中那些关于古代异国风俗装饰的描写。我的架上《沙兰波》共有两部，一部有吉宾斯的木刻插画，一部是 Mandrake press 的限定版，大本，有彩色插图。后者有辛蒙斯的序，可是插图并不怎样好。”福楼拜我只读过他的《包法利夫人》，因为上大学那会儿还没有听说《萨朗波》。后来好几家出版社推出了中文译本，可我不想买也不想读，我和叶灵凤一样，关心的只是吉宾斯的插画。

罗伯特·吉宾斯 (Robert Gibbings) 是英国画家，生于一八八九年，殁于一九五八年，不只精于木刻和雕塑，他自己也写过旅游和自然史方面的书籍，并自行绘制插图。他曾发起创立木刻学会，对英国乃至美国木刻艺术的复兴都产生了举足轻重的影响。我藏有一巨册纽约出版的 *500 Years of illustration*，从阿尔布雷特·丢勒，到洛克威尔·肯特，五百年间的伟大插画家一网打尽，当中就有一段介绍罗伯特·吉宾斯，并且收入他的三幅插绘。这三幅木刻作品全部出自《萨朗波》，黑白分明，刀法洗练，异域风浓，古意盎然，赏玩之下不禁想起鲁迅在

吉宾斯《甜甜的泰晤士河软软地流》书影

《集外集拾遗》中对他的那句评价：“他对于黑白的观念常是意味深长而且独创的。”

我本来在孔夫子旧书网上见到一册吉宾斯自写自画的《甜甜的泰晤士河软软地流》（*Sweet thames run softly*），一九四六年的版本，绿色布面烫金精装，定价也只七八百，可惜被人捷足先登了（当然，后来我搜罗到了一大堆吉宾斯著作，包括失之交臂的这本，那是后话）。还没来得及为此遗憾，就读到了董桥的《再见 Rackham》，原来董桥对于吉宾斯画插图的旧版书也是万般垂涎，无奈一直跟他没缘，只能唤一声“老天爷”，就此“认了”。其实失意的又岂止一个董桥，就连鲁迅当年也曾酸酸地说：“英国的作家我不大知道，因为那作品定价贵。”他所说的那“定价贵”的作品，指的就是吉宾斯的《第七人》。他没完没了地絮叨说：“限印五百部，英国绅士是死也不肯重印的，现在恐怕已将绝版，每本要数十元了罢。”相比之下叶灵凤更为幸运，他不光拥有吉宾斯插图的《萨朗波》，后来还以六元的超低价买到一册吉宾斯木刻集。

进入五十年代，香港的书店渐渐多了起来，叶灵凤除了照样常去别发，另外爱逛的还有辰衝、哈里斯和三联书店。别发、辰衝和三联现在还有，哈里斯恐怕早就没了。据叶灵凤讲，哈里斯书店为犹太人所开，有一次他在哈里斯购西洋迷信词典一册，“老板将封面包纸上之原有定价剪去，售我十八元五毫，但后来发现原来定价仅十六先令，彼多售二元五毫，此犹太人之所以终为犹太人也。”不过去处一多，捡到洋落儿的机会终究也就多了。有一次，“过别发书店，见前定之英国木刻集已到，但他们竟忘记留起来给我，若不是今天恰巧去，也许要错过机会了。此书内容甚好，有一幅彩色的派克女士木刻极佳，价钱仅七先令半，可谓便宜”。

《英国版画集》书影

派克女士全名阿尼斯·米勒·派克（Agnes Miller Parker），她是英国著名的木刻画家和书籍插绘家。早年萧乾先生曾经倾其所藏编选了一册《英国版画集》，一九四七年由赵家璧主持的上海晨光出版公司出版，“派克和赫米斯两位英国女木刻家的作品选得很多”。叶灵凤得到这书爱不忍释，当即就在《星岛日报》撰文评介，他认为：“她们两人的作品成了本书最精彩的部分。派克女士所刻的动物，赫米斯女士所刻的花卉，在当代英国木刻作品中早已成了令人钦佩和模仿的对象。”我生也晚，到手一册山东画报出版社的复刻本也就非常知足了。不过要说的是，派克女士并非只擅长动物，她曾为赫伯特·厄内斯特·贝茨的《穿过树林》（*Through the woods*）制作过全书插绘，当中既有动物，又有花卉，我那本 500 *Years of illustration* 收进三款，选的全是花卉，那个精细劲儿确实让人着迷。我还见过派克为哈代小说创作的木刻，觉着比起她的动物花卉来更具动感和气场。董桥写过一篇《那些年我见过不少哈代》，说他“那时候看到一本爱一本”，却通篇不提派克的插绘，难不成他见的都是别的版本？

叶灵凤似乎只买画集，几乎看不到他购买西洋原画的记载，这当然是经济条件所限制的，他要靠写稿卖文养活一个十几口的大家庭，因此就连稍贵一些的画册也常常是望洋兴叹。他喜欢买一些西洋名画的复制品，有一次，“过哈里斯书店，见有鲍特差利画册。此书战前曾见过，

《穿过树林》书影

罗赛蒂的素描画

内有‘委纳斯诞生图’，系彩印双页大幅。久拟购置，多年未得，亟购之，三十元。归来细阅，始知系法文版而非英文版。这本无关系，但当时渴慕亟购取不暇细阅之神情，思之失笑”。不过他也经常为了价钱而“踌躇不能定”。例如，一九五二年八月十二日，“往别发书店付书账，见有新到之果庚谷诃彩色复制品，皆系照原尺寸者，每幅要八十元，想买两幅又嫌太费钱”。他喜欢在墙上挂一些西洋画的复制品作点缀，由这些画家画作的选择，我们也能稍稍看出他的偏嗜和欣赏的兴趣。按照他在《记画》一文中的描述，书房里挂有四幅，分别是达·芬奇的《蒙娜丽莎》、惠斯勒的《母亲》、毕加索的《镜前的妇人》，以及波提切利的《维纳斯的诞生》。“还有幅画，也是我在心里想念了多年，可是至今仍不曾买得到。这是英国拉斐尔前派诗人画家洛赛蒂的那幅《丽丽丝》。”这些画作，无一例外地表达着一个共同的主题，那就是母爱和慈爱。在他家的另一个房间里，还挂着三幅画作，分别是梵高的《阿尔里斯的朗格洛伊桥》、马蒂斯的《有埃及窗帘的室内风景》，以及毕加索的《三个音乐家》。这三位画家他是真的喜欢，为他们写过很多篇短文。

叶灵凤最喜欢的还是《蒙娜丽莎》，他把她挂在正对书桌的位置，每天伏案执笔一抬头就可看到。叶灵凤承认，自己“正是世上无数的‘莫娜丽莎狂’之一”。从上海到香港，他几次设法求购这幅名作的复制品。一九五二年夏天，黄茅约他为《新中华》写一篇《伟大的天才达文西》，并借去他的《蒙娜丽莎》制版，杂志出来时他们说原底制版时弄污了，不肯还给他，托他另买一部作赔偿，他马上再去书店订购。他甚至说过这样的话：“这幅画曾于一九一一年失踪过，当时法国政府正不知花了多少秘密侦查费，以两年的光阴才获合浦珠还，据说是盗匪从卢佛美术馆偷了去向政府勒索赎款的。这幸亏是以金钱为目的的盗匪，设若到了我的手中，也许不是金钱所能为力的了。”他也道出过痴迷蒙娜丽莎的内中原委：“佛洛伊德说达文西的这张画，是对于他母亲的追念，他从莫娜丽莎夫人的微笑中看出了他母亲的微笑，所以才有这样的成功。如果佛洛伊德的精神分

《蒙娜丽莎》，现藏巴黎卢浮宫

巴黎卢浮宫，谢尔盖·米哈伊洛维奇·莫恰洛夫作，
北京鲁迅博物馆藏

析论可靠，那么，早年丧母的我，也许从这幅画上寻出同样可宝贵的记忆了。”说来惭愧的是，我曾在卢浮宫享受过贵宾待遇，可以越过警戒线近距离欣赏蒙娜丽莎，那还是当时的法国最高行政法院索维院长做出的美意安排。当时我就想，这要是换作灵凤先生，该有多好。

除去个人画集之外，叶灵凤对于西洋画史和画家传记书翰一类的书籍也搜购甚巨，因为这类著述“颇能令人对古今美术进化衍变概况获得一概念”。他还有一个从各类报刊上剪存美术资料的习惯，日积月累蔚成大观。一九五三年黄永玉离港北返前，特意来他家，以汉砖“千秋万岁”及六朝造像的拓片四幅，来交换他剪存的毕加索素描。他的好友黄蒙田在他逝世后说：“没有一个画家像他拥有的中外画集和美术参考书那样丰富的。”所以很多喜欢书喜欢画的人愿意到他家里来看书看画，这当中既有画家文人，更有港大等在校学习的学生，他不仅不以为烦，反而兴致盎然。有一个岁夕的傍晚，他的好朋友苗秀、黄鲁、黄茅，尊古斋潘氏弟兄，以及顺记雪糕店主吕顺，一起来他家拜年，少顷，郑家镇亦来，一同看新买的画集。叶夫人特意炒了上海年糕，并以冷盆酒肴款客，至夜始散。黄永玉五十年代初居港那几年，更是叶府的常客，有一天黄永玉说明午要来看书，并要求招待便饭。次日夫妇俩果然来了，又是看画集，又是为孩子们影相，临走还借去木刻等画册四本。

叶灵凤曾经表白：“我一向是木刻爱好者。”所以他对西洋木刻和木刻史一类的图籍更是情有独钟。他藏有一部英国木刻家道格拉斯·布利斯一九二八年出版的《世界木刻史》，“鲁迅先生在编印《艺苑朝花》期间，曾在一篇文章里提到了这部木刻史，加以推荐。因为在

APPRECIATE A PIECE OF FAMOUS PAINTING
SUNFLOWER, BY VAN GOGH.

名・畫・欣・賞

向日葵（油畫・一八八八年作）　荷蘭　梵・谷訶作

梵・谷訶的「向日葵」，是這位熱情的荷蘭畫家許多作品之中，最常被介紹出來的一幅，因為賞識這幅畫的人很多，而它又很能代表這位畫家作品的特性：熱情，接近自然，色彩對照強烈，富於裝飾美，這些正是谷訶的特色。

谷訶的「向日葵」，一共畫過許多幅，大都大同小異，都是在一八八八年畫的（他在一八九〇年就去世了）。他這時住在法國南部鄉下，為了歡迎他的朋友畫家高庚來與他同住，開始着手裝飾他所住的被鄉下人目為怪屋的「黃屋」（全屋由他自己粉刷成黃色的），他決定要在牆上佈置十二幅畫，全是向日葵，構成一首黃與綠的交響曲。阿爾鄉下人田邊籬下有的是向日葵，他便每天背了畫架去寫生，有時又折了向日葵回來插在瓶裏慢慢的畫。這些都是油畫，流傳下來的至少還有五六幅。這裏複製的一幅，原畫是藏在英國倫敦泰德美術院的，大小為三十六乘二十八英寸，全畫主要的色調是黃色。他還另有相類的一幅，現藏德國，背景是淺綠色的。

熱愛陽光和田野的谷訶，在這些向日葵上寄托了他的最大藝術熱情，所以畫得筆觸奔放，色彩強烈，再加上心中想到這是為了歡迎他的好朋友而畫的作品，所以畫得更是精好，因此也就成了他的最好作品之一。（林豐）

叶灵凤在《新中华画报》介绍梵高的短文

内容范围来说，除了布利斯的这一部以外，实在找不到第二部。”长期以来，叶灵凤一直想把这部木刻史翻译出来，并且在五十年代初已经零星译好四万余字，其中的《布莱克与近代英国木刻家》、《果庚与近代法国木刻》等章节，就已发表在他主编的《星岛日报》附刊《艺苑》上。叶灵凤认为，“能将全部译好出版，亦一件值得的工作也。只是全书插图很多，找人出版恐不易。然而布利斯的这部木刻史却是这部门中仅有的一部历史。可惜文字生涩，又加之外国语书名人名太多，颇不易译”，“这样一耽搁就是好几年”。“然而这个愿望始终是我舍不得放弃的愿望之一”，到了一九六一年，叶灵凤“又将已经译成的旧稿找出来，整理一下，想再试试看”，但最终，这个愿望就和他一直要写一部比亚兹莱评传的愿望一样，都成了再也实现不了的愿望。更为可惜的是，这部残稿今在何方，也成了一桩悬案。

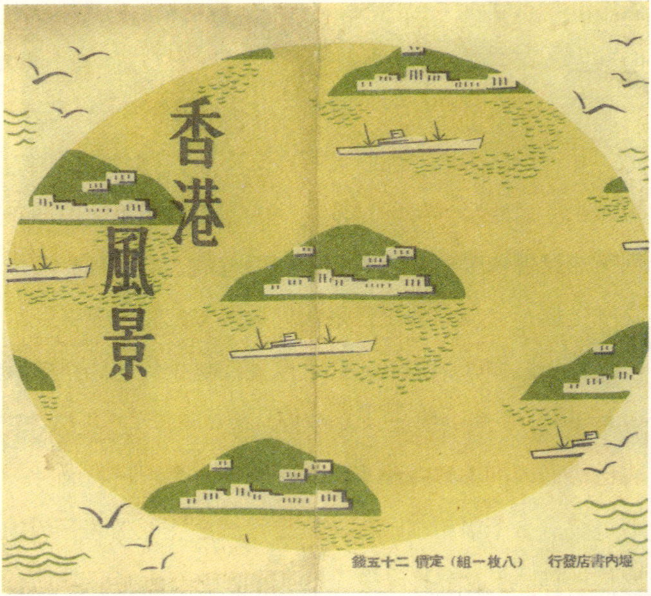

堀内书店发行的香港风景明信片封套

叶灵凤与日本书店

叶灵凤不像树人、作人那样全都留学过日本，但跟日本纠缠不清的关系，却像极了周家兄弟。对于日本的态度，叶灵凤更像鲁迅，喜欢它的文化，抵抗它的侵略。现实中的际遇，却有些像周作人了，都背了“汉奸”“落水文人”的骂名。有人说，叶灵凤喜欢日本文化，是因了创造社几位巨头的影响。这话不是没有道理。郭沫若、郁达夫、张资平、田汉、郑伯奇，陶晶孙，都是日系背景，叶灵凤作为追随这些大佬于左右的“小伙计”，自然难免近朱近墨。譬如，叶灵凤之痴爱乃至“活剥”日本画家蕗谷虹儿，就是源于郑伯奇送他两册虹儿的画集。但黄振威说，因跟随这些无一不精于日文的前辈，叶灵凤懂日文也是不足为奇的，却有些臆测的嫌疑。我曾当面向叶灵凤的女儿叶中敏先生求证过，她说她父亲确实不懂日文。柳苏还说叶灵凤去过日本，似乎指的是叶灵凤曾在沦陷时期参加过一个日本占领军组织的访日代表团，可叶灵凤本人在晚年出版的《晚晴杂记》中却肯定地说："我不曾去过日本。"

但叶灵凤喜欢逛日本书店，喜欢买日文书，确是毋庸置疑的。在上海时，他喜欢逛内山和至诚堂。到香港后，沦陷时期是堀内，战后则是智源。东京有一个著名的丸善书店，是鲁迅、知堂、郭沫若、郁达夫留学期间最爱逛的，叶灵凤虽则没有去过，却绵延好多年，在沪港两地都曾有过写信到他们那里邮购的经历。他有一篇《"丸善"和〈万引〉》，记录了他和"丸善"结缘的经过：

> 那还是一九三〇年前后的事情。那时我正热衷于藏书票的搜集，既参加了日本斋藤昌三氏主持的一个"藏书票俱乐部"，再想看看欧洲出版的有关藏书票的著作。但这是冷门书，在上海的西书店里是买不到的，我便写信到日本向"丸善"去问。他

们的服务组织真好，很快的就有了答复，并且开来了有关藏书票的参考书目，以及他们店中现有的几种。当时我就写信请他们将现存的几种用“国际C.O.D.”方法寄了来。

《丸善发行书目录》书影

正是由于“丸善”书店的服务，叶灵凤得出了这样的结论：“日本是一个出版事业非常发达的国家，因此他们的书店也是一流的。”因此，爱逛日本书店，除了能买到原版书刊，还有一层是喜欢那里的经营方式，“书籍杂志总是随意堆在那里，任你翻阅，很少会有店员走过来追问你要买什么”。这一点，正与当时国人所开的书店大异其趣。

我们都晓得鲁迅与内山完造的友谊，殊不知叶灵凤与内山书店也是交情很深。他从郑伯奇那里得到的两部蕗谷虹儿画集，就是由内山书店买来。买书的时间大概是在一九二七年十月的前后，因为鲁迅同样是从内山书店买到的《蕗谷虹儿画谱》，按照《鲁迅日记》的记载，是在十月八日下午，鲁迅刚刚定居上海，甫从共和旅店移入景云里寓。叶灵凤晚年曾经撰文，说他在内山书店可以享受挂账的待遇。查一查内山完造写的《上海内山书店》，确实有这政策。内山书店的书都是从东京进货，完全可以先进货后付款，但内山完造坚持不借钱做买卖。“另外一方面，对待客人我们坚持自己的原则——相信客户。有人现金支付，而有人说月末支付，类似的要求我也会答应，月末等着客人来结账，从来不会去要账。”孰料八·一三淞沪会战爆发，叶灵凤随《救亡日报》离沪南下，匆忙之间竟有一笔书账未及偿还。对此他一直念念不忘，说是对内山老板最大的抱歉。有一年他从香港回上海，还特意去北四川路底看看，尽管他明明知道内山书店不可能仍开在那里了，但走一走那“闭了眼睛也不会走错的地方”，也似乎依稀闻得到内山书店里浅

民国上海至诚堂书店外景

浅的书香。

至诚堂书店也是由日本人经营，比内山书店规模大，开得也更早，据说一九一二年就有了。当年，虹口是日侨聚居区，所以至诚堂和内山书店都设在这里。所不同的是，内山书店隐于僻静的魏盛里，至诚堂则高调地开在闹市通衢，站在吴淞路海宁路口南望，右手拐角处就是至诚堂。至诚堂不仅出售有关日本政治、经济、社科、文学等书籍杂志，也是一家出版发行机构，编辑发行过不少图书、地图、明信片等。叶灵凤在这里买过什么书，不见记载，总之他在上海买下的万卷藏书，包括在至诚堂所买的书，都在战乱期间散失殆尽了。每想起这些书，他就会想起司空图的那句诗：“得剑乍如添健仆，亡书久似失良朋。”

可是，古人还有这样一句诗来说读书人：“独有书癖不可医”。丢下上海的旧藏，叶灵凤又在香港开始了新的买书生涯。香港亦多日侨，太平洋战争期间又有过三年零八个月的日据时期，所以也不缺日文书店。叶灵凤爱逛的智源书局，我在《香港寻书》中已有记述，这里单说堀内书店。堀内书店是日据时期香港有名的日文书店，位于毕打街十二号。香港文学研究者黄振威说，沦陷时期叶灵凤供职的大同图书印务局就在毕打街的毕打行，与堀内书店近在咫尺，所以堀内书店成为那个特殊岁月里叶灵凤逛得最多的书店。沦陷时期叶灵凤的日记只有寥寥数则，其中便有一则写到去堀内书店。这是一九四三年的十月七日：“今日见堀内书店有《吉田松阴集》，他的名句是：虽然我的躯壳被丢掉了去腐烂，在那武藏的平原上，我那日本人的精神却将永远长存。”是日，叶灵凤还拟出一个文章题目：《尊皇攘夷论先觉者——吉田松阴》，并说这是“随笔的好材料”。这篇文章果真写出了，题目改成《攘夷志士吉田松阴》，在《秋灯照颜录》的总题下，发表在一九四三年十一月六日香港《大众周报》第二卷第六期。文章首先介绍说：“吉田松阴，日本明治维新前期的志士之一，为了主张‘尊皇攘夷’，终于以身殉志。安政六年（公历一八五九年）十月二十七日，经过六年的羁囚，以三十岁的壮年，死在德川幕府的手下。在临刑的前夜，松阴在狱中写了他的遗书，那便是传诵至今的《留魂录》。”叶灵凤写这篇文章，并非为了歌颂一个日本人，其实是有春秋笔意在内的，那就是“照颜”——在这个总题的开头，他引了文天祥的诗：“哲

吉田松阴像

桥口五叶装帧作品

人日已远，典刑在夙昔。风檐展书读，古道照颜色。”而在文章的结尾，他说得更加直白：“中国目前正徘徊在中兴与割据的歧途上，为了攘夷安内，我们所需要的正是挺直了脊梁的读书人，可是环顾宇内，城狐社鼠，草间求活，谁是新中国的吉田松阴！”你有你的“夷”，我有我的“夷”，我要攘的“夷”不正是你！在日据下的香港，叶灵凤只能用这样的曲笔，在“夜深了，风露冷”的时刻，发出几声秋虫一样的叫声。

从日本书店买书，叶灵凤似乎偏爱以下几种：一是谈论书物版本掌故和聚散变迁的“关于书的书”，类似于今天我们所说的书话。作为一个“积习难除”的爱书

长谷川洁装帧作品

家，叶灵凤好像格外喜欢这类读物。上海沦陷后他随《救亡日报》转战广州，万册藏书撂在那里，随身只带了七本书，全是这种书话。《猎书家的假日》，《英国的禁书》，《书与斗争》，《藏书快语》，《藏书这顽意》，《书志学讲义》，《纸鱼繁昌记》，光是书名就足以让人陶醉了。其中内田鲁庵的随笔集《纸鱼繁昌记》，就是从东京的丸善书店函购得来。但就是这七部战时本不应该带在身边的“奢侈品”，也因日寇对广州的轰炸再告散失。这些失去的心爱之书，连同“陷在魔手里的这一块肥沃的土地和它地上的土地”，无疑都让叶灵凤加剧了对于敌人的仇恨，内心深深渴望着“一次民族炮火的洗炼”。所以，单凭这一点来说，让叶灵凤甘于对侵略者“服逆”，简直是毫不可能的事情。值得一说的是，叶灵凤对于《纸鱼繁昌记》真称得上念兹在兹，战后，他又托日本友人小川从东京代购了一册它的新版。

叶灵凤喜欢日文书，也是因为喜欢它的装帧。他认为，“日本出版物的装帧艺术是极发达的”，成就“实在使人羡慕”。他曾经读过多篇日人关于书籍装帧的文章，承认，“连我自己在内，国内几个寥寥可数的注重书籍装帧的人，可说都受过日本装帧艺术的影响”。就连他的装帧观，也与杉浦康平、菊地信义等一干日本设计大师所言，几乎如出一辙。譬如他认为，装帧并不是只给一本书画一张封面，甚或是“洋装烫金”那么简单，也并不一定限于“豪华”，重要的是书籍的内容和形式应该怎样调和。我每看日本早期画家竹久梦二、桥口五叶、长谷川洁等人的书籍设计，总觉得跟民国初年那会儿中国出版物的情调是那么相近，通过叶灵凤的介绍，也确信了原来真是偷师东瀛的事实。日本确实是学我大唐起家，但近代以后，我们就只有学人家的份儿了。

叶中敏眼中的父亲

在港期间一直盼望能跟叶灵凤先生的家人见个面，昨天终于托朋友找来了先生爱女叶中敏的电话。叶中敏曾任香港《大公报》副总编辑，现任主笔，腕底功力堪称子承父业。今天午前试着发去一条短信，午后就接到先生的回电，说非常感谢我能为她爸爸作传，一定要在近日和她妹妹一起请我吃顿饭。算起来，叶中敏先生差不多也该年过六旬了，还担心我到北角报馆那里路不熟，而特意将就餐地点安排在中环，并仔细地叮嘱我走地铁的哪一个出口。这份亲情，一下午都暖暖地萦绕于怀。

转眼到了约定的日子，白天照例上课，一天无话。五点下课后，直奔地铁站，赶到中环去见叶中敏。在置地广场，还是我先认出了叶先生，寒暄几句，叶先生就带我冒着细雨穿过皇后大道中，来上海总会吃饭。这是一家会员制的餐厅，桌上摆着的几份《新民晚报》先就营造了几分沪上的气息。经理领班跟叶先生都是熟人，一边打着招呼，一边就安排了几个小菜，有口水鸡、清炒虾仁、干炸小黄鱼、菜肉馄饨，非常的上海。话题自然就从上海菜开始。“我妈妈能烧一手上海菜，所以父亲的朋友们喜欢来我家作客。我妈妈一般也只这个时候下厨，平时都是广东保姆给我们做粤菜。那时候，爸爸要养活九个孩子，还有我姥姥，日子虽然说不上奢华，却也不坏，平常都要请三个保姆。爸爸的经济来源就是写稿，经常一天里要完成九家报刊的约稿。”兄妹九个，我还是头次听说，还以为中敏是长女呢。但她说，她排行老六，前三个孩子在上海出生，后边六个抗战胜利后才在香港出生，所以中间差了好几岁。

“那时候住在罗便臣道，房子很高很大，爸爸的书柜一直顶到房顶，书柜里摆不下了就往地上堆，他还经常到书店买回一些，常去的书店是三联、商务和辰衝。他大部分时间都是在书房看书写字，有时我们太吵了他就把门关上。吃晚饭时我们就去敲门喊他出来，吃完晚饭他就去报馆上班，我们常常熬着不睡等他回来，因为他常会买些好吃的给我们带回来。周末的时候他还会带我们出去玩，喝喝茶什么的。爸爸是个很传统的人，比如吃饭时他就要求‘食不言’，但他从不直接说女儿们什么。有一度我姐姐爱穿奇装异服，头发弄得很奇怪，他就让我妈妈说，自己不直接批评。小思最近在整理爸爸的日记，她跟我说，你爸爸真是一个好丈夫、好父亲，他的日记虽然很简单，但倾注着对你们的感情。可能他的性格就是这样不爱表达吧。”

“五六十年代那会儿，香港左中右三派泾渭分明，但爸爸却是哪一派都能接受。他自己供职的《星岛日报》属右派，却长期给左派的《大公报》、《文汇报》、《新晚报》写稿。有一次朋友们给他祝寿，左中右都来了，还包括国民党在港侨委的卜少夫，这种场面一般是从来不会出现的。但爸爸非常爱国，李宗仁回归时，他是内地邀请回去采访的唯一一个香港记者。‘文革’前夕，他还跟夏衍提出来要回内地定居，但夏伯伯劝阻了他，

叶灵凤全家福

可能一是不想他回来被批斗，二是也想让他在香港发挥独特的作用。听说，夏伯伯比我爸爸还先认识的我妈妈，‘文革’结束后，他和周扬还专门把妈妈和我们接到广州住了几天，也有表达对已经去世的老友怀念的意思。左派报纸的费彝民社长、罗孚总编辑都是爸爸的好朋友，我来大公报工作，就是罗伯伯的安排，那时我刚刚高中毕业，不想再读书了，罗伯伯说何不来《大公报》工作？我就一直干到了现在。”

“爸爸那代人，时常聚到一起，到我家参观新书的也很多，他们之间也爱开玩笑，但玩笑里也总是有典故的。曹聚仁伯伯去澳门，就把他家的狗寄养在我家。徐訏也来往较多，他病重时，爸爸眼睛也不行了，让我妈妈和我替他去探望。陈君葆、马鉴，也都很要好。有几位广东作家，岭南风格的，也跟爸爸过从甚密。侣伦接待过第一次来香港的我爸爸和他的第一位太太郭林凤，后来侣伦还问我知不知道爸爸之前有过一个太太，我说从书上读到过。她也是大户人家，家里出过命案。后来爸爸遇见我妈妈是在上海的现代书局，那时施蛰存也在那里编《现代》，妈妈在世时我们还到上海看过他。我妈妈不写文章，但写过诗，风花雪月一类的。”

“至于说到爸爸的汉奸问题，我妈妈说，你爸爸肯定不会作汉奸的。日本人占领香港期间，爸爸把妈妈的积蓄要去，说要办报纸，可能也是掩护，有人通过查证档案说爸爸为政府运送情报。我觉得你在书里说得好，爸爸的本色确实是一个平实的读书人。”

“爸爸的爸爸是南京人，是个作官的，所以在南京住的时间不长，小时候爸爸就跟着去了九江、昆山。爸爸很小就没有妈妈了，跟继母感情不好，从小跟他的姐姐亲。‘文革’后期我能去内地采访了，他让我去上海看望两个姑姑，给她们带东西，姑姑也让我带回家乡的东西，他见了非常高兴。”

“对于香港史地的研究，爸爸该是最早的。香港为什么叫香港，他做了详细考证。关于张保仔的传说，他一边研究清朝的奏折，一边对比洋人的著述，弄清其中的真相。九龙城寨的主权，他既靠史实说话，又充满爱国激情，如果在香港回归问题上有什么争执，这些都是用得着的史料。”

“爸爸的藏书很多，他去世后，有人就说，千万别随便糟蹋了。中文大学的校长马临愿意接收并辟专室收藏。他是父亲老友马鉴的儿子。马鉴是香港大学中文系教授，是当年港大唯一的华人教授。但中文大学图书馆的馆长不同意接收，她是留学英国的，认为这些书没什么价值，还很破旧。但马临坚持接收，我妈妈和我们还去搞了个仪式。听说现在也丢了一些。当年，爸爸去报馆上班后，我常常溜到他的书房看书。那时，黄俊东他们几个文艺青年经常来找爸爸，有次带来一位新人，介绍名字时说叫区惠本，我在一边听了就笑。爸爸问我笑什么，我说你不觉得惠本这名字像和尚吗？爸爸很高兴，说看来你还真读了几本书。爸爸很少夸奖子女，这是难得的一次，看来他很喜欢孩子读书。”

《叶灵凤传》书影

“爸爸从四十年代起，写了不少日记，可惜大部分都给弄丢了，仅有的几本，我为了作个纪念，就保存了下来。是六十年代中期的，记在普通本子上，字很大，因为那时眼睛已经不好了。小思一直研究香港文学，又跟我姐姐是同学，就提出来要把我爸爸的日记整理出版，我认为这些日记就是记录日常琐事，不见得有什么价值，但她不这么认为。本来要找政府资助一下，但三联书店听说了，愿意接下来。目前她正带着中文大学一位年轻的女教师，逐篇详加注释，基本快完工了。”说到这里，她后悔今晚没把小思叫来一起吃饭，表示回去马上联系，隔日再聚。

说到父亲的书在内地重印，她表示很感谢罗孚伯伯和三联的范用老板。“要知道当时罗伯伯还是在服刑期间。”陈子善、姜德明等内地的叶灵凤研究者她都见过。我的那本《叶灵凤传》，她说小思给她看过。前阵儿福建出版的《书淫艳异录》，曾经通过陈子善联系过她，给了一些稿费，更多的出版社则没什么表示。她说：“给了稿费，我们兄弟姐妹很高兴，说老爸到现在还给咱们创造财富，也就拿去玩了。不给也不会计较，能出版说明喜欢父亲的文字，没什么不好。我们也都不愿多说自己的出身，都过着自己平和的日子。”

叶中敏、小思谈叶灵凤

按约定时间来到上海总会，一位女士跟我同时到达，一看就是叶家的人，一问果然是叶灵凤倒数第二小的女儿中美。中敏老师已先到并点好了菜，三人刚寒暄几句，小思老师就来了。小思是香港影响很大的作家，她的散文集《承教小记》已经印刷了几十版；她更是香港文学研究的开山鼻祖，以卢玮銮的本名出版了大量著述；她更是首屈一指的叶灵凤研究专家，这一点上实在是我神交已久的老师。落座后，小思从包里掏出一本他和郑树森、黄继持合编的《香港新文学年表》赠我，这正是我久觅不得的，当然欢喜。小思说，可惜黄继持已经不在了，不然会带你见他。中敏则送一套精装的《书淫艳异录》给小思，说，“书名应该用的是我爸爸的手迹，广

小思像

字应该知道的。”我说是他用钢笔写的字迹。中敏撺掇我请小思在书上签字，小思老师写了“广宇书友。小思”。我又请她在她编的《叶灵凤戴望舒合集》上签，她则写了“卢玮銮”。我请叶家姐妹也签一个，她俩直说没资格，后来就在书中照片下端分别写了“这是我，中敏”和“这是中美”。厚道、低调，一如她们的父亲。

小思老师出身于香港中文大学新亚书院，又长期担任母校的香港文学研究中心主任，学校待她不薄，她对母校也无私，把自己多年搜藏的珍贵史料贡献出来，建立了香港文学特藏。她问我是否去过中大图书馆，我说专门去看叶灵凤藏书，但身份所限没能进去。她说那里正搞叶灵凤所藏签名本的展览，你一定要去看看。说话间抄起电话就拨通图书馆苏助理，要他好好为我安排。她说：“要不是明天要参加三联书店一个活动，肯定陪你一道去。”说到三联书店，她想起了正在整理的叶灵凤日记，说工作进展非常艰难，因为力求把后人不甚了了的史实掌故都详加注释。但有些资料很难查找，比如那些年叶灵凤先生几乎每天都要去一个叫作“别发”的书店，但这个书店到底怎么回事几乎无人知晓。费尽功夫才弄个明白，原来这是英商沃尔什兄弟早年开在上海的外文书店，英文名字叫 Kelly & Company，后来亦在香港注册，他们当中的一个独立出来又开了“辰衝”。小思说，上海的陈子善最近也考证出上海“别发”的历史。中敏说：“辰衝也是爸爸常去的书店，现在还有吗？”我说总店在尖沙咀的乐道。中敏很是惊讶我对香港书店的熟稔。小思说：“叶灵凤日记里写，他在别发可以赊账，每个月领了薪水总是先去书店还债。”中美这时插嘴：“小时候看见的爸爸，除了吃饭，几乎都是埋头书里。”中敏说：“他的书房挺大，除了一面是窗，三面全是书，书桌上方是一幅蒙娜丽莎，别处还挂着几幅西洋名画复制品，分别是维纳斯的诞生和毕加索画的卧女。中国的书画则是齐白石的荔枝和方孝孺的条幅。”小思听见，力劝中敏把它写下来，并让我帮着说服，中敏又是谦虚地摆手，连说不想拿父亲招摇。

我问：“你家长住的罗便臣道寓所是否还在？”中敏说，早就拆了。小思透露，前两年她策划口述香港文学史，就是请中敏带人去罗便臣道拍的片子。中敏愧疚地说：“你们对我爸爸的了解，比我们还多。”也是，前天她还跟我说他爸爸的日记只留下六十年代当中的几年，但小思说从一九四二年开始都有，我听了十分欣慰。中敏说父亲百岁寿辰时也没想起搞个纪念活动，二〇一五年就是一百一十岁了，不妨明年借着日记出版搞一次，可以请小思、陈子善和我分别讲一讲。小思非常赞同，并建议再请董桥讲讲，“他在爱书和藏书票方面与先生有共同的兴趣，只可惜罗孚先生已经卧病不起了。”中敏说前些天还去医院看过罗伯伯。小思问他是否还认识你？中敏说不能说话了，只是点头。小思说点头就是认得，他点头的深浅也表示不同的意思。小思还说，纪念活动可以作为明年香港书市的主题。前几年人们对香港书展批评较多，后来请她顾问，她就连续三年各推出一位年度作家，分别是刘以鬯、西西和也斯，人们就没什么闲话了。尽管对也斯评价不一，但他又写散文又写诗又搞教学又搞研究，在香港文学中应该有其地位。我说："可惜也斯也走了。"她说："是啊，书市刚搞完两个月就走了，还好临走得到了一个宽慰。"由此又说到政府对文学的重视程度，特别是对中国语文和历史的教育，不免感叹一番……我说："在那个年代，叶灵凤都能写出充满爱国情怀的文字，真是难得。"小思说："你看的还是能够公开发表的，在他不准备发表的日记里，这种情绪要强烈多了。读他的日记，才知道他是怎么样一个好丈夫、好父亲，

《一生承教》书影

京都时期的竹久梦二

怎么样一个爱国的真正读书人。像他这样默默做了很多但到死都不能说的人在香港其实还有很多，特别是当潘汉年过早死去，唯一的单线也断了的时候，更是说也说不清了。”

我拿出小思那本《一生承教》，说：“这是陆智昌设计的封面。”小思眼睛一亮：“你也喜欢陆智昌？！这本书上的鱼，实际是我书里写到的京都和宇治之间万福寺里横吊在回廊上的一条大木鱼。陆智昌的设计不仅美，还能体现书中的内蕴。那时陆智昌在香港刚刚出道，我们还合作过一本讲粤剧文化的书。他设计好封面，惴惴不安地拿给老板看，怕说他画得太简单是偷懒，但那本书却大获成功，一千块一本一天就预订一空，他也因此得了设计大奖。以后就去北京发展了，现在据说请他设计要排队五年。”我说我喜欢陆智昌，喜欢书籍设计的书，喜欢版画，喜欢竹久梦二，喜欢比亚兹莱，小思听了几乎要跳起来。她也是比亚兹莱买了一大堆，竹久梦二买了一大抱，在京都念书时，还到清水寺旁梦二的故居去过。我说清水寺我去年去了，可惜由日本人安排，没自己的时间，但东京弥生的竹久梦二美术馆却是去过了。说来说去，我们的这些爱好都是灵凤先生的影响。中敏说，她爸其实非常懂得美，她妈妈买了衣服，他对色彩的点评大家都很佩服。小思说，在香港找不到有谁能谈这些了，很过瘾。在送她们三位等的士那会儿，大家又抓紧最后的时间聊上几句，直到目送她们上车，汇入皇后大道中的车流当中。

叶家姐妹

昨天深夜刚回到住处，室内电话响了，是叶中敏老师，她焦急地问我何时离港，我说后天凌晨，她长吁一口气，这才说几天前脚扭伤了，行动不便，总算走之前能见一面。约的是九龙塘又一城的星巴克，我说她走路不便，还是我凑到港岛那边，她坚持要来我这边，说姐姐中慧一起来，她在这边工作过十几年，还常到城大的 Canteen 吃饭，地形熟悉得很。去到那儿，姐妹俩已在，中敏要的是咖啡，中慧点的是柠檬茶，中慧又给我叫了杯咖啡。我说中慧大姐我在照片上见过，姐妹中间更漂亮。中敏哈哈大笑，说姐姐自己也一直这么认为。闲聊着就聊到了她们的爸爸妈妈究竟是不是一起来港。我说学术界有几个版本，我的考证是爸爸先随《救亡日报》

叶中敏（左）与叶中慧

来广州，妈妈后来与戴望舒一家同船来港。中敏说是这样。爸爸是和夏衍伯伯一起到的广州，还赶上了大轰炸，大概半年后妈妈挤上沦陷前的最后一班船离开上海，当时抱着一岁的大哥，拉着小脚的外婆，肚子里还怀着一个。一屋子书肯定都带不来了，倒是带了一些钱，来港后妈妈开餐馆，爸爸搞出版，用的就是这些钱。外公是湖州的丝绸商人，家境较好，所以妈妈就来上海读的女子中学。毕业后到现代书局工作，认识了我爸爸。她比我们漂亮多了，也很有文才，还烧得一手好菜。有一年她不顾爸爸的反对，非要出版自己的诗集，结果直到父亲去世后的一九七九年才自印了一册《自我诗草》，下次来我一定要送给你。只可惜你晚来香港几年，要不然我妈妈跟你在一起聊我爸爸，肯定特别开心。

中敏老师轻叹一声：“你走得很不巧，香港三联要筹备出版叶灵凤全集、年谱、大传、纪念文集，六月六号正好三联女老总侯明召集筹备会，你能赶上多好。”说着给我一份出版计划，说你拿回去慢慢看。并说明年香港书展期间的纪念活动董桥很愿意也出来讲。接下来，又递给我一份剪报，是她写的《敬悼罗伯伯》。我心一沉，知

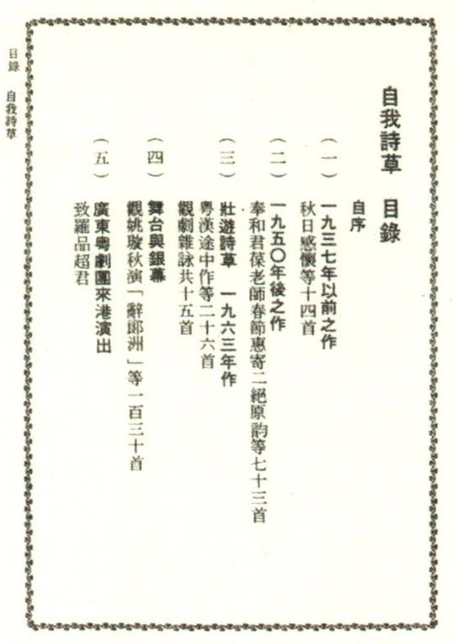
自我詩草　目錄

自序

（一）一九三七年以前之作
秋日感懷等十四首

（二）一九五〇年後之作
奉和君葆老師春節惠寄二絕原韵等七十三首

（三）壯遊詩草　一九六三年作
粤漢途中作等二十六首
觀劇雜詠共十五首

（四）舞台與銀幕
觀姚璇秋演「辭郎洲」等一百三十首

（五）廣東粤劇團來港演出
致羅品超君

目錄　自我詩草

赵克臻诗集《自我诗草》目录页

道罗孚先生走了。文中果然印着罗孚与叶灵凤先生的合影。罗孚是叶灵凤的挚友，正是他，当年以柳苏的笔名在《读书》发表《凤兮凤兮叶灵凤》，又替故友编辑出版三册《读书随笔》，这才掀起叶灵凤热。中敏先生的文章对罗孚与她们全家的友情记叙甚详，她说：“这些年来，不曾写过一篇关于罗伯伯的稿子，一般的话没有必要写，一些事情不宜写、不想写，也就保持缄默好了。”读来真是感慨。中敏先生显然是想让我开心些，分别前打趣说你去韩国是见都教授吧？一直只微笑不吭声的中慧大姐说：“下次来我请你喝茶，你可要带个星星来。”

范用致叶中敏书信两通

春天在香港，叶灵凤先生的女儿叶中敏给我看过两通范用给她的信函，都与叶灵凤《读书随笔》的编辑出版有关，可惜我没有把信封复印下来，缺了确切的年代。第一通写在《读书》杂志的白色信笺上，全文如下：

中敏小姐：

际垌兄到京，谈及编印叶翁书话集，须另行着手，黄俊东先生或可作为理想的编者，请予考虑，并盼早日进行，以能在二三年内出版，亦可了结一桩心愿。编集内容，除有关书人书事，可包括书籍插图，书籍艺术等，尽可能多附书影、插图、文人像，书前请附叶翁照像、手迹等。

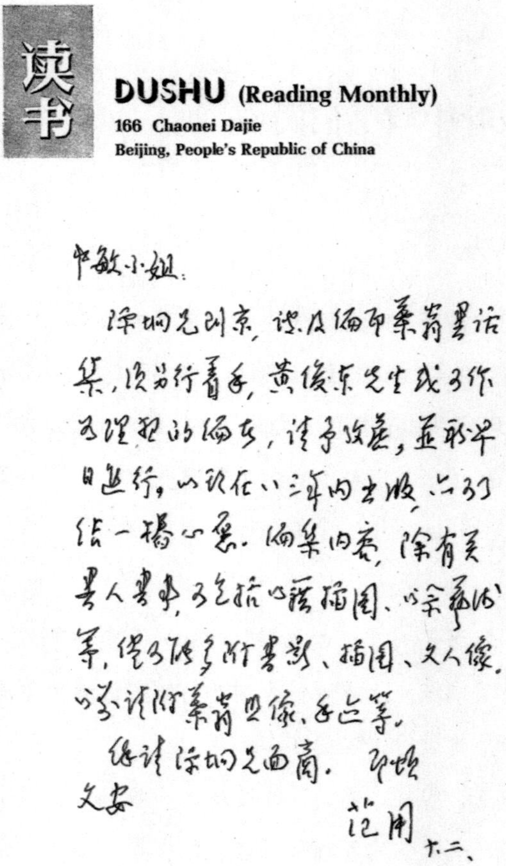

中敏小姐：

徐炯兄到京，谈及编印叶灵凤书话集，须另行着手，黄俊东先生我以为理想的编者，请予设法，并望早日进行，以期在一二年内出版，亦可了结一桩心愿。编集内容，除有关书人书事，可包括谈插图、谈藏书等，但可随文附书影、插图、文人像，以及请附叶灵凤照像、手迹等。

统请徐炯兄面商。即颂

文安

范用

六二、

范用致叶中敏信手迹

余请际垌兄面商。即颂

文安

范用

十、二

三联书店推出的三卷本叶灵凤《读书随笔》影响很大，说它掀起一股叶灵凤热也不过分。就我自己来说，此前读大学中文系时虽然少量接触过叶灵凤的小说，但如此系统地拜读他的读书小品，却是破天荒第一次。正是由于这套书，使我立刻痴迷上叶灵凤，也从此开始了至今仍未停手的叶灵凤研究。这套书还有一个副作用，就是借着书籍的装帧，重新把比亚兹莱的装饰画介绍给了国人，我也是由此开始了对比亚兹莱的不懈追逐。说到这里，不能不感谢它的幕后推手和直接操刀人范用，正是凭借他的一双慧眼、一份勇气和一股不凡的品位，才有了这部高质量的图书。而前面这封信，正是为此书的诞生拉开序幕的历史见证。

《读书随笔》的一版一刷，是在一九八八年一月，

《京华小记》书影

但卷首该书编者丝韦（也就是罗孚）所写的《前记》，落款却是一九八五年十一月。范用此信写于十月二日，如果也是一九八五年，则从联系到编就仅有一个多月的时间，恐怕难以完成，所以这信的时间最迟也该是在一九八四年，甚至有可能是一九八三年，或者更早一年。从信的内容来看，最初与范用接洽出版事宜的，是潘际坰，而不是该书的编者罗孚。其实潘际坰也是罗孚的死党之一。他一九一九年出生在江苏淮安，笔名唐琼，与罗孚一起长期在《大公报》供职。退休之后有一段时间，唐琼和罗孚都住在旧金山的湾区，加上女作家李黎，他们三个每个月都要搞一次“二锅头雅集”。罗孚的《我们的二锅头雅集》一文对唐琼的生平介绍甚详：“唐琼是北京、香港的能文之士，他四十年代在上海《大公报》主编过多种副刊，五十年代到北京担任香港《大公报》的记者，到过朝鲜采访，其后以第一个报道末代皇帝溥仪的新闻而出名。晚年从北京到了香港，主持过《大公报》的副刊，以取得老作家巴金的《随想录》专栏连载而作出了重要的贡献。他自己也在报上写专栏，集而成书，是'三联'和'天地'出的唐琼四书：《京华小记》、《快意集》、《娱情集》和《唐琼随笔》。"我很早就买到过一本《京华小记》，那还是二十世纪八十年代的事情。那个时候我还从来没有见过港版书，我买到的是友谊出版公司引进的简体字版。后来，不仅买到了《京华小记》的港版，还入手一册一九五七年

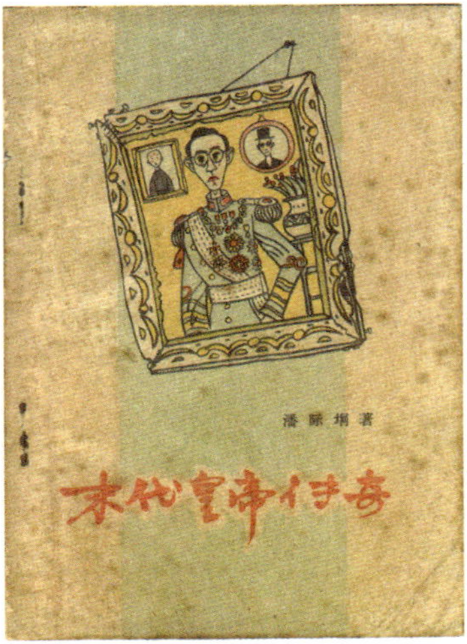

《末代皇帝传奇》书影

版的《末代皇帝传奇》。

由潘际坰联系为叶灵凤出书，可能有两层因素：第一，他在《大公报》工作，与罗孚、叶中敏都是同事，或许受到他们的委托。第二，作为香港《大公报》驻北京记者，具有往来两地的便利条件。接下来的问题是，推出此书，在范用来说究竟是主动策划还是被动接受？曾任三联书店副总编辑的汪家明在《书痴范用》一文里说："他过去在香港见过叶灵凤。那时很多人对叶灵凤有误解。""可是范先生说他不是'汉奸文人'，而只是个'文人'。文人要吃饭，只好写文章。他没写过汉奸文字。范先生还说，叶灵凤的小品文写得好极了，没有人像他那样认真、细心地写这样的小东西。"以范用对叶灵凤的好感和认可，即使不是主动策划，也该是一拍即合。

关于《读书随笔》的编者，范用最早的建议是"黄俊东先生或可作为理想的编者"，而非后来实际上的编选者罗孚，这可能有两层考虑：第一，当时罗孚正因美国间谍案遭到囚禁，即使属于不二人选也难以考虑。第二，黄俊东是香港知名的书话大家，他的《书话集》和《猎书小记》，不仅很有影响，也深得叶灵凤神韵。第三，黄俊东且与叶灵凤是忘年交，既熟悉叶灵凤的为人为文，也深得叶灵凤及其家人的信任。罗孚之外，黄俊东当然是“理想的编者”。为什么后来又改由罗孚编选呢？恐怕是因为罗孚很快获得了假释，虽然在双榆树居住的十年并没有完全的自由，但并不影响以“柳苏”之类的笔名编书写文。更重要的是，罗孚在初获有限自由之后很快巧遇了范用。罗孚的公子罗海雷在《我的父亲罗孚》一书中对那天的情景有过生动描述：

> 有一次，父亲和母亲去三联书店找周健强时，远远有人大声叫他，走近一看，才看清楚那是三联的负责人范用。范用是到香港访问时认识他的，他热情而亲切。二〇一〇年秋天，母亲与范用女儿谈起，她清楚记得范用二十七年前的一句话：“老罗，你住哪里？住哪里？我一直在找你，找得好苦！”

罗孚本人的叙述也是一致：“我们在走廊里说话，大声了一点，惊动了房间里的范用，走出来看到是我，就拉我一起去吃午饭，去吃有名的门钉肉饼，还就此拉稿，这就拉出了一本《香港、香港……》，又选编了三本叶灵凤的《读书随笔》。就这样，我没有去找范用，是范用主动找了我。”当然，有资料表明，确定由罗孚担当这一大任，也不是范用的临时起意，早在罗孚出事之前，叶家和罗孚就已达成共识。叶中敏曾透露罗孚对她的承诺，那是一九八二年的事情，那一天，正是罗孚接受美国领馆邀请，准备赴美“参观太空总署”的行前。

> 当时家父已逝世数年，好几大袋剪报就堆在罗伯伯的办公室里，他准备要亲自为老朋友编辑、出版一本选集。收拾时我问这些剪报怎么办？他说先搬回家，加上一句：“你放心，我答应过你的事情一定会办到。”

这也就有了范用第二封信中出现的变化：

中敏小姐：

叶翁剪报存稿，已由三联书店带到北京，请释念。将与罗先生商量请他编选(他现在有时间做这一工作)。待初步编定，当再奉告。希望在明年，至迟后年上半年出版，以了却一桩心愿。

《香江旧事》书影

叶翁的《香港方物志》，三联亦拟在北京印行，特征求叶夫人的意见。对原出版者上海书局也请打一招呼。此书有若干图版，不知原照片还能找到否(或许在上海书局)？我们根据照片制版，比翻印可以清楚一些。

叶翁的作品(在香港出版的)，此间大多已找到，惟缺《香江旧事》一书，能否赐寄一册？或请复印一份寄下，至盼！

问候　叶夫人！

即请

编安

范用

十、六

这封信应该是针对叶家建议由罗孚操刀而做的回复，正好范用也已和罗孚接上了头。叶中敏说："果然其后的日子，他（罗孚）让海星把这大堆旧报纸带到北京，在'难'中编辑了一套三册的《读书随笔》，还写了一篇非常有感情的序言。"在这期间，叶中敏到过北京，与罗孚、范用有过一次餐聚。叶中敏回忆说：餐聚"由黄苗子伯伯发起，相约了十位父亲当年的好友一起请我这名'故人之女'吃饭，地点在'豆花庄'，川菜，在座的有黄苗子、郁风、丁聪、冯亦代、戈宝权、楼适夷、吴祖光、萧乾、范用和《人民日报》编辑姜德明等，当然还有罗伯伯。席上大家谈得很高兴，漫画家丁聪伯伯还画了一幅父亲的水墨人像，大家在上面签名。"

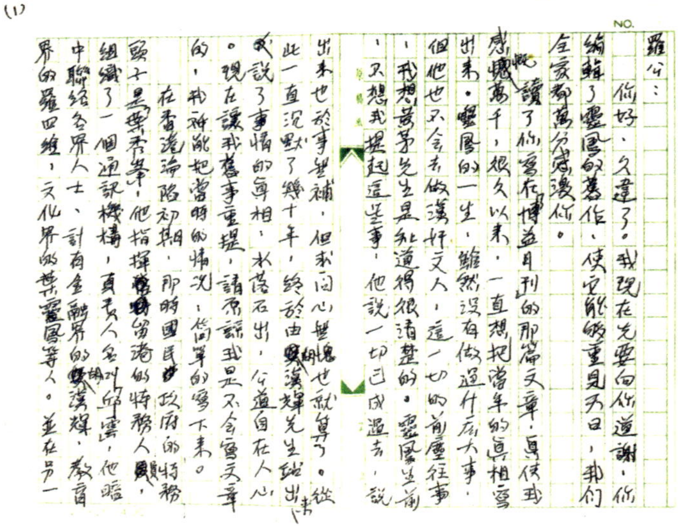
(1)

羅公：

你好，久違了。我現在先要向你道謝，你編輯了靈鳳的著作，使它能夠重見天日，我們全家都萬分感激你。

讀了你寫在博益月刊的那篇文章，真使我感慨萬千，很久以來，一直想把當年的真相寫出來。靈鳳的一生，雖然沒有做過什麼大事，但他也不會去做漢奸文人，這一切的前塵往事，我想黃茅先生是知道得很清楚的。靈鳳生前，不想我提起這些事，他說一切已成過去，說出來也於事無補，但求問心無愧也就算了。從此一直沉默了幾十年，終於由胡漢輝先生說出來，說了事情的真相，水落石出，公道自在人心。現在讓我舊事重提，請原諒我是不會寫文章的，我祇能把當時的情況，簡單的寫下來。

在香港淪陷初期，那時國民政府的特務頭子是葉秀峯，他指揮留港的特務人員，組織了一個通訊機構，負責人名叫邱雲，他暗中聯絡各界人士，計有金融界的胡漢輝、教育界的羅四維、文化界的葉靈鳳等人。並在另一

赵克臻写给罗孚的长信

《读书随笔》出版后，叶家非常满意，叶中敏说“是父亲所有著作中编辑得最好的一套”。汪家明透露：“后来，范先生去香港时看望了叶灵凤的夫人，她很感激，送给范先生几本叶灵凤留下来的藏书，是二十世纪初英国、法国和美国出版的有关插图和书籍设计的书，书的封里都贴有叶灵凤的藏书票。”叶夫人赵克臻还专门给

罗孚写了一封长信表示感谢，信中说：“罗公：你好，久违了。我现在先要向你道谢，你编辑了灵凤的著作，使它能够重见天日，我们全家都万分感激你。”在这封信里，叶夫人还首次对叶灵凤的“汉奸”问题说了许多话：“很久以来，一直想把当年的真相写出来。灵凤的一生，虽然没有做过什么大事，但他也不会去做汉奸文人，这一切的前尘往事，我想黄茅先生是知道得很清楚的。灵凤生前，不想我提起这件事，他说一切已成过去，说出来也于事无补，但求问心无愧也就算了。”

不过围绕《读书随笔》的出版还有一个悬案未解：供编选文集用的那“好几大袋剪报”流落到了哪里？前述范用的信里说“叶翁剪报存稿，已由三联书店带到北京”，叶中敏文中说“他（罗孚）让海星把这一大堆旧报纸带到北京”，虽然运送的渠道略有出入，但确实运到了北京则属无疑。《罗孚友朋书札辑》（海豚出版社 2017 年版）收入的范用致罗孚信说：“从香港带来的那大包霜崖剪报，拟在稍加整理后送上。”即是明证。没有下文的是最后落到了何处。上次去香港，与叶灵凤先生的家人等探讨起叶灵凤全集的编纂，似乎隐约听到一点儿这些剪报的线索，但也不是十分有把握。现如今，当事者范用、罗孚两位前辈均已驾鹤西归，追寻起来就不是很容易。考虑到这些文章大多没有结集，真要没了下落则委实是件麻烦的事情。

叶灵凤的朋友圈

邵洵美、盛佩玉夫妇与长子邵祖丞

叶灵凤与邵洵美

诺贝尔生物学医学奖获得者屠呦呦的名字出自《诗经·小雅·鹿鸣》中的“呦呦鹿鸣，食野之苹”，几乎已经无人不晓了，还有一位民国文坛名宿的名字也与诗经有关，知道的怕不是很多。这就是邵洵美。这两日耽读邵绡红写的《我的爸爸邵洵美》，在一边忙她的事的小女冷不丁扔过来一句：“邵洵美的夫人是叫佩玉吧？”我吃了一惊。她接着说：“佩玉将将，洵美且都。”我说你哪来这么多垃圾信息，她嘿嘿一乐。邵洵美的夫人确实叫佩玉，典出《诗经·国风·郑风》中的“将翱将翔，佩玉琼琚，彼美孟姜，洵美且都”。邵洵美原来却不叫洵美，本名云龙，与佩玉热恋时，从诗句中选了相邻的“洵美”两字作名，以示琴瑟和鸣。

邵绡红为她父亲写的传记中，有多处提到叶灵凤，这也是我买这书的主要缘由。叶灵凤和邵洵美，一生中有过很多交集，两人也有许多的相似之处。先从名字说起，叶本来也不叫灵凤，而叫蕴璞，灵凤两字同样采自诗句，是李商隐的“身无彩凤双飞翼，心有灵犀一点通”。“洵美”是真的美，“灵凤”也是不著一字，尽得风流，合该两人都擎起了唯美派的大旗。有所不同的是，叶灵凤自称“一生从来不写诗”，而邵洵美则出版过诗集。他在新诗《你以为我是什么人》里，曾经这样写——“你以为我是什么人？/是个浪子/是个财迷/是个书生/是个想做官的/或是不怕死的英雄？/你错了，你全错了。/我是个天生的诗人。”不过在鲁迅眼里，邵洵美和叶灵凤倒像是“一丘之貉”。鲁迅骂叶灵凤是“齿白唇红”的“流氓画家”，我已反复写过了；他骂邵洵美，更是牵连到了人家的祖宗。在《拿来主义》一文中，鲁迅这样写：“……因为祖上的阴功，得了一所大宅子，且不问他是骗来的，抢来的，或合法继承的，或是做了女婿换来的……”这是在暗示，邵洵美的文坛登龙，不过是靠着闺夋嫁妆裙带关系。真实的情况是，邵确是清末一品大臣邵友濂之后，三代煊赫。而他的妻子盛佩玉，则贵为中国实业之父盛宣怀的孙女。不过，邵洵美倒还不是个典型的纨绔子弟，反而生性慷慨，一时有“上海滩孟尝君”之美名。邵洵美对鲁迅的误解显然耿耿于怀，他在监狱服刑时曾向狱友贾植芳郑重交代，将来出来的话，有机会要为他写篇文章，帮他澄清两件事。其中一件事“就是鲁迅先生听信谣言，说我有钱， 我的文章都不是我写的，像清朝花钱买官一样‘捐班’，是我雇人写的。”邵洵美说：“我的文章虽然写得不好，但不是叫人代写的，是我自己写的。”

邵洵美藏书票

叶灵凤一生挚爱英国鬼才画家比亚兹莱（Aubrey

比亚兹莱设计的《黄面志》

Beardsley，旧译琵亚词侣），年轻时曾刻意加以模仿，因而被称为“中国的琵亚词侣”，“受过不少的称赞，也挨过不少的骂”。“生吞琵亚词侣”，就是鲁迅给他列出的罪状之一。据叶灵凤说，他最初知道比亚兹莱，是通过郁达夫发表在《创造周报》上的一篇介绍《黄面志》的文字，但他后来又回忆，他在郁达夫的藏书中从不曾见过由比亚兹莱担当美术编辑的《黄面志》，“倒是后来在诗人邵洵美的书架上见过，是近于十八开的方形开本，都是硬面的，据说是他用重价当作珍本书从英国买回来的”。邵洵美的确是一个超级“琵迷”，他创办的《金屋月刊》，差不多直接拷贝了《黄面志》。董桥曾说：“老民国新月派谙洋文的才子都倾慕英国插图画家

Aubrey Beardsley 的才情。依稀记得是梁实秋先生说过的，说徐志摩邵洵美编诗刊都爱用他的线条花草做装饰。”邵洵美经营金屋书店时，更刊行过一本《琵亚词侣诗画集》。这是一本六十四开的袖珍书，据说非常考究，比氏的诗，也由邵洵美亲自操刀侈译。这书董桥大概曾经寓目，因为他知道邵洵美“只翻译他的两首诗，加些花边加些插图说是‘希望印得厚一些’”。

喜欢比亚兹莱的又岂止新月创造的洋场才子们，穿长布衫的鲁迅似乎更为着迷。他对叶灵凤、邵洵美骂则骂矣，却丝毫不影响与他们拥有相同的爱好。他自己在邵洵美之前还专门印过一本《比亚兹莱画选》。好像有人说过，鲁迅的思想很革命，艺术趣味却很病态，这倒是个有趣的研究题目。不过呢，一直觉着现在通行的鲁迅版“比亚兹莱”的译名，总不及之前流行一时的“琵亚词侣”有味道，后者的古典雅致简直跟徐志摩的“翡冷翠”有一拼。据说，Beardsley 之为琵亚词侣，出自田汉的妙笔。就连叶灵凤也认为，田汉“所采用的译名很富于诗意”。比氏的中文译名我还见过第三种，是董桥版，他译为“比尔兹利”，并且专门写过一篇题为《比尔兹利漫忆》的小品。就在这篇短文中，他对“琵亚词侣”大加挞伐：“外国人取中国名字像唐宁街十号门前高高挂个红灯笼，我瞧不惯。”甚至揶揄道：“琵亚稍嫌洋化，词侣倒真是清末民初花前月下的名号了，索性改姓皮，全名皮词侣！”总之只有他译的比尔兹利最接近英语原音。说这话时他似乎忘了一直将他那位英伦的红颜书侣 Leonora 译作李侬。“李侬浓浓的发髻插着一枝中国的瓷发簪，粉彩缠枝莲纹可爱得要命，霁红、冬青、石绿、天蓝的缤纷衬着她褐里泛金的秀发如梦如诗如画。”这样的一位爱书的女子，合该有一个如此东方又如此书卷气的名字。

再说回叶灵凤和邵洵美。本来，两人分属创造社和新月社两个阵营，是两股道上跑的车，但铁轨总有交汇的时候，有缘人也终会聚首。令叶灵凤和邵洵美走到一起的是《时代画报》，这是在邵洵美结束《金屋》月刊的出版之后，一九三〇年前后的事情。据邵洵美的夫人盛佩玉在《盛氏家族·我和邵洵美》一书中回忆：“《金屋》月刊出完第一卷就收场了。洵美的注意力转移，去办画报了。那个时候上海有一份《良友画报》，办得很成功，图文并茂。一些画家也跃跃欲试。张振宇和作家叶灵凤联袂办起了《时代画报》，想跟《良友画报》比高低。《时代画报》由中国美术刊行社发行，出了第一期，销路就压过了《良友画报》。然而在欣喜得意之余他们却尝到了资金周转不灵的苦恼，难以为继，就去求助于洵美，要把《时代画报》盘给他。出于对美术由衷的爱好，对美术家们的欣赏和支持，洵美很乐意接办《时代画报》。洵美高高兴兴地盘下这个摊子，和美术家们出谋划策，又邀了许多作家来写稿，热热闹闹地办起这份画报来。”

《万象》封面

虽然有人说，作为编辑者之一，叶灵凤的名字只出现在《时代画报》第一期，但此后他又参与了邵洵美创办的时代图书公司旗下另一著名刊物《万象》的编辑。这份刊物总共出版了三期，在一九三四年五月出版的第一期上，列名主编的是叶灵凤和张光宇，以后两期叶灵凤不再担任主编职务，由张光宇担任。《万象》杂志虽然只是昙花一现，但在中国杂志史上却有不凡的地位。它的开本比一般杂志要大，封面和内页的彩图印刷得特别精美，版面排得也很漂亮。叶灵凤在第一期上发表了《现代日本藏书票》一文，同时编发了两个整版的配图。藏书家谢其章认为，这是不多的中国藏书票文献中的先声。这些杂志的辉煌肯定离不开邵洵美的贡献，他不仅注资成立了时代图书公司，还卖掉家里最后一块地产，从德国进口了最新式的影写印刷设备。软件硬件的齐备，造就了“时代”的崛起，有人把这一时期的杂志出版称作“邵洵美一个人的期刊画报史”，他同时出版的刊物多达七种，每隔五天便至少会有两种期刊面世。这个时期，恰恰是他和叶灵凤联系最紧密的时候。

抗战爆发后，叶灵凤随《救亡日报》撤离上海到了广州，随着广州的相继沦陷，流落到了香港。邵洵美虽然终老上海，但也曾数度赴港，叶灵凤对这位老友也是极尽东道主之谊。按照叶灵凤在《我的看书趣味》一文中的记载，是在香港停战那一年，邵洵美从上海来到香港，在叶灵凤的书房里挑灯话旧。他将架上那些书掠了一眼，有点诧异地问叶灵凤："你现在在研究什么呀？"因为他看到的是弗列采的《金枝》、魏斯特玛尔卡的《人类婚姻史》，还有那么多关于文字狱和禁书的著作。针对老友的疑惑，叶灵凤后来专门写了这篇《我的看书趣味》，文中说道："我觉得看书就是看书，为了要看这一本书，为了喜欢这一本书，就不妨揭开来看，这里面是不该有什么功利观念的。""道在瓦砾、道在粪土，开卷有益，这样的话不是也早已有人说过了吗？"其实，邵洵美也是一个地地道道的书痴，盛佩玉说："洵美每天喜欢和朋友谈文嚼字研究外文，手不离书，外文书有厚的很重，他拿着看几小时也不怕手酸。"在看书趣味上，邵洵美和叶灵凤也有着相同的观念，他在《画报在文化界的地位》一文中曾经这样表达："我觉得，在人生中，读书应当是一种需要，它不是装饰，把它当作装饰，你便免不了会有一种轻薄的态度。它不是责任，把它当作责任，你便会感觉到厌倦与勉强。”由看书的趣味，也可以推知他们的人生态度，这也是他们保持长期友谊的基础。

说到这种友谊，一九四七年春上的一段相聚，体现得最为淋漓尽致。那时邵洵美刚刚把《论语》复刊，不忘给叶灵凤寄来一批，并写信嘱他寄稿。到了四月间，“邵洵美忽自沪来港”，一大早就来灵凤家，让叶灵凤感到“殊出意外”。邵洵美除了“畅谈近年遭遇”，还告以此行“系接洽所办之教育影片公司事”，“有意摄制英语之中国电影往美国放映”。在邵洵美滞留香港的大半个月里，叶灵凤几乎每天陪伴左右，往九龙访张光宇，赴蒋伯英、郑可晚宴。邵洵美还跟叶灵凤磋商剧本，“以陈果夫之电影故事交来，托加以改作，使适合于摄制电影”。叶灵凤不仅奉命翻阅，甚至还想：“他一意要办电影公司，如计划能实现，我也想回上海了。”可是送走邵洵美，电影公司的事便没了下文，让叶灵凤觉得好生奇怪。叶灵凤可能不知，邵洵美的所谓电影公司，是受了时任国民党中央宣传部长张道藩之命而奔波筹划，张道藩跑到台湾，这事当然也就没了下文。

邵洵美没有去台湾。进入五十年代，他的德国进口印刷机被国家征用，工厂也宣告解散，“以后没有第二件东西了”。他一度移家北京，想寻个合适的工作，旋又失意地回到上海。此后几年，邵洵美的生活每下愈况，当年连出门穿什么衣服都要和汽车颜色相配的纨绔子弟，沦落到变卖邮票以糊口的窘迫境地。多亏老朋友夏衍的推荐，才得到个替人民文学出版社翻译校稿的差事。要是一直这样发展下去，也不失为一种生活方式，以邵洵美的英文功底，能够在翻译事业上取得一番成绩，也不是没有可能，但命中若有一劫，任谁也无法绕得过去，一九五八年，邵洵美迎来三年的牢狱之灾，造化弄人的是，他的老友叶灵凤偏偏又卷进了这一事件，成为一桩文坛疑案的主角。关于这事的经过，邵洵美的女儿邵绡红在《我的爸爸邵洵美》一书中是这样说的：

项美丽像

叶灵凤从香港来上海。他是爸爸的老朋友，是战前常为爸爸办的刊物撰稿的文学家之一，也是《万象》、《文艺月刊》和《文艺画报》的编辑，这时在香港是《星岛时（日）报》副刊《星座》的主编，是香港的文化名人。爸爸约请他来家里吃午饭，还请了好友施蛰存和秦瘦鸥来共聚。那天席上叶灵凤谈起项美丽在美国的近况。爸爸便想起了一九四六年去纽约，项美丽曾向他借过一千美金。本来，老朋友向他借了不还是常事，他也一直不放在心上。现在小叔叔急需医药费，爸爸就想到让项美丽把那一千美金的旧账转送给小叔叔治病。于是问叶灵凤要项美丽的地址，好写信给她，叶灵凤说他身边没有带来，让爸爸把信交给他，待他回香港后再发。

不料，叶灵凤走后没几天就情况有异：爸爸出门，总有两个便衣跟随；爸爸回家，他们便守候在家门口。爸爸知道：一定是那封信出了毛病！

邵洵美的确被关进了提篮桥监狱，受审三年有余，一九六二年才得释放。他的无妄之灾究竟是否因叶灵凤引起，前述邵绡红的口吻尚属委婉，但是按照邵洵美的女婿方平的说法，问题就严重了。在接受《南方都市报》采访时，方平这样说："这封信托叶灵凤带出去寄给项美丽，叶灵凤把这封信交给海关了。这样邵洵美就被抓起来了。"不过邵洵美在提篮桥监狱的狱友贾植芳却说："邵洵美告诉我，他已经进来三年了……说他以前与南京政府的文化特务张道藩和谢位鼎（谢位鼎是现代派诗人，后来做了国民党政府驻梵蒂冈的大使）是磕过头的拜把子兄弟。他们在一起照过相，说是有证据，就把他抓来了。"当有人问起邵洵美三年受审的事，邵洵美的夫人盛佩玉则是这样回答："洵美一九五八年至一九六二年之间的历史我不知何从写出，总觉得上面有了一层蒙尘，所以只好将洵美这段光阴缩短了。”

从时间上推断，邵洵美被抓是在一九五八年，而叶灵凤访问上海则是在一九五七年。在《大陆新邨和鲁迅故居》一文中，叶灵凤说：“一九五七年秋天，我第一次回到解放后的上海，曾在那里逗留了几天。”所以，贾植芳转述邵洵美本人所言的入狱原因，似乎更加可信。无论如何，这都属于那个特定时代的悲剧，正如陈子善所说：“从一九五七年内地的严峻形势推测，发生任何事情都是可能的。叶灵凤如果知道邵洵美的不幸遭遇，也想必会生‘吾虽不杀伯仁，伯仁因我而死’之叹。”

在叶灵凤已经结集的作品中，似乎没有专门写过项美丽，但他与项美丽显然认识。项美丽，本名埃米莉·哈恩（Emily Hahn），一九〇五年出生于美国圣路易城，一九三五年以《纽约客》杂志通讯记者身份来到上海，与英俊优雅的邵洵美一见钟情，两人不仅公开同居，甚至还去作了婚姻登记。在上海，邵洵美与他的“蜜姬”出双入对之时，叶灵凤正是邵家的常客，不会没有碰到。一九三九年春，邵洵美也曾陪项美丽有过一次香港之行，那是为了完成《宋氏三姊妹》一书，专程赴香港采访宋霭龄。彼时叶灵凤已到香港，老友自远方来，理应相见。至于叶灵凤单独与项美丽接触，也存在时间和空间上的可能。太平洋战争爆发后，项美丽逃到香港，嫁给英国海军少校巴克塞，叶灵凤在《关于〈澳门纪略〉》中曾说：这书“十年前我曾在英国巴克塞少校处见过一部”，“他的太太就是曾在我国旅居过多年的美国女作家项美丽”。战后的一九四六年，叶灵凤又曾将一册项美丽签名之《宋氏三姊妹》托人转交给东京的友人，也算是他们相熟的一个旁证。

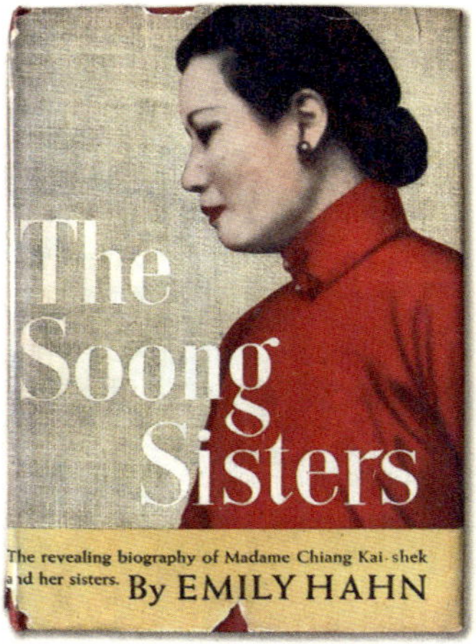

《宋氏三姊妹》英文版书影

叶灵凤（三排右一）、穆时英（四排右五）等 1939 年在香港

叶灵凤与穆时英的点滴

一早打开办公室的门，首先映入眼帘的是满地散落的书，短暂的吃惊之后很快就明白，是高高摞在沙发靠背上的书终于在昨夜坍塌了。但这书堆还要不停地增高。傍晚小叶就给我拿来一个包裹，我知道这是网订的《穆时英全集》到了。书分三大册，严家炎、李今编，北京十月文艺出版社二〇〇八年出版，只印三千册，难怪我一直没有见到过。买穆时英是为了叶灵凤，结果略一翻检，发现藏货真的不少。意料之中的是叶灵凤应香港《四季》杂志邀请谈穆时英的那篇《三十年代文坛上的一颗彗星》，之前从叶灵凤本人以及当时访谈的参与者黄俊东、刘以鬯、沈西城等人那里，零零星星地获知了一鳞半爪，今日得窥全豹，信息量还是大不一样。对于穆时

穆时英像

英的回忆与评价就不说了，更为难得的，是谈话中叶灵凤信口拈来的其他一些珍贵掌故。比如，他谈到当年在上海，他和穆时英、刘呐鸥等新感觉派同人居住的公园坊，就比之前我所掌握的，多了许多细节：“公园坊像九龙塘的房子，有个大花园，是刘呐鸥的产业，位于上海闸北，接近日本人势力范围，因地区差，不在租界上，所以蛮好的房子没人敢住，于是就招待我们朋友去，屋子好，加上房租便宜，主人又客气，很多人住在那里。”说起来，从上海到香港，叶灵凤他们这班文人似乎喜欢扎堆儿居住，例如南来文人们刚到香港时，差不多都住在半山的学士台。小思曾经写过一篇《学士台风光》，文中她这样写道：“聚居在那里的，都是中国著名的文化人，包括了画家、诗人、作家、记者、编辑。他们的名字都会写入日后中国文学史、绘画史的。”学士台那种一时的盛景直令小思感慨：“如果相信冥冥之中注定的话，学士台，这条小街，改好了名字，在等待一群学士在那儿度过一段很忙乱但又可能有所企盼的时光。”

以前我写《叶灵凤传》的时候，只是笼统地说学士台，在《穆时英全集》中，有一篇当年也是学士台住客的卜少夫的文章，他又补充了许多细节，尤其难得的是对于太白楼的描写：“二十七年春季，我们这一批朋友先后从上海撤退到香港，我们所安顿的地方是西环太白楼——半山地区——，其所以住在那里的原因，完全由于但杜宇的关系。于是，太白楼在当时俨然成为香港的拉丁区(太白楼在战前的香港是被称为平民区的)。”“而每一个经过香港的文化人，几都到过太白楼。起初，这个集团（大概有八个人）采取大家庭制度，每人每月缴纳港币十五元，包括食宿洗衣，以后各人的太太陆续接来，就分门别户了。”可是，太白楼与学士台又是什么关系呢？治现代文学史的王宇平曾做过一番考证：“那时候，沿着香港西环半山的薄扶林道下一段段台阶，会

乔伊斯与莎士比亚书店老板西尔维亚·毕奇

看到一个个建有老式房子的平台，每个平台就是一条小街，依次是学士台、桃李台、青莲台、羲皇台和太白台，这些平台背山面海，是风景绝佳的所在，名字借用的都是李太白的典故，更添风雅。”“作为游乐吃喝的场所的‘太白楼’，一九一〇年代末在太白台设立，维持了约十年，后来改为民居。”王宇平指出：“文化人的聚居以学士台为最多，也有住在低一层的桃李台和再往上的近山顶处及半山的其他地方，所以，我们谈到的现代文学史、绘画史意义上的‘学士台’，在空间上包括学士台的上下周边。”

既是“学士”，当然离不开书，由穆时英向他借詹姆斯·乔伊斯的《优力栖士》，叶灵凤又引申谈起当年出版这部小说的莎士比亚书店的一些笑话，比如有一位法国来的顾客询问老板娘的男友：“请问先生是不是莎士比亚先生？”读了真让人有些忍俊不禁。但我觉着更有趣的还是穆时英强占叶灵凤心爱的《第一日记》的那段：

当时我们都喜欢写日记，日本有间“第一书房”很有名，书也出得好，现在没有了。“第一书房”的人就是留法的一批作家和画家。当时所有时髦的日本作家都在那里出书，出的书除普及版外一定还要出豪华版，每年出一本《第一日记》，编得非常漂亮。封面是木板的，上海内山书店每年春天有卖，书本身印得不多，分到上海也不过两三本，我是最喜欢的了，所以跟老板讲好，无论如何要留一本给我。那时我还没结婚，独自住在虹口的一间像青年会宿舍的公寓里，某次在内山买了很多新书和《第一日记》，我把《第一日记》当宝贝地放在书桌上，穆时英一大清早来，我还没起身。他看到书就要，那怎么行呢，我只有一本，而且又买不到。他说“给我，给我”就把书打开在上面写上“穆时英”三个字，你不答应也没用了。

作为一个爱书如痴的人，被人横刀夺爱恐怕最难接受，即使是最亲的朋友，也是如此。但叶灵凤他们对穆时英这位小弟弟，显然没有办法。他在这天的访谈中还说：“穆时英发表小说后不久就认识了我们，他很年青，不过二十一二岁的样子，而我们将近三十了，我们都当他是小弟弟，一起出外喝茶时，他很少付账，即使有钱想付，我们也会说：‘怎会轮到你呀！’”穆时英二十八岁那年因落水被“锄奸”组织射杀在上海南京路之后，远在香港的叶灵凤当即发表文章予以痛斥：“一个人走上这一条路无异是自杀，而一个人一旦真的踏上这一路之后，他已非我族类，他的存在与否早已不值得加以考虑了。”话说得冷若冰铁，决绝极了，但叶灵凤心底的感觉，却远不是这样简单，几十年后回忆起这位小弟弟，还忍不住掬一把老泪，“大义与私交之间，实在令我在感情上很难处理”。当黄俊东问起穆时英“叛变”的真实原因，叶灵凤说：“我可以用几个字来说明，那就是：‘年青人的糊涂’。”说这话的语气多像一个家长说起自己不争气的孩子时那种纠缠不清的爱恨交集。

郁家全家福。前排中郁华，后排中郁风

叶灵凤和郁家

董桥在《画里郁风》中说："其实我老早留意到郁风不但脾气洋化礼数洋化连品位也偏向洋化，和她那一代的民国女子不太一样。她总是方方正正，总是刚刚烈烈，对人对事从来不跟你瓜瓞绵绵纠缠不清；她的画艺画品也从来带着几分欧洲二十世纪初叶颓废的激进和沉实的浪漫，跟她的衣着打扮一样，端庄而飘逸，明丽而合度。"其实我也老早就留意郁风，这还要回溯到二十世纪八十年代。大学期间我最痴迷的是郁达夫，学位论文选的也是郁达夫小说论。五十年代出的一本《郁达夫选集》中，印有一幅郁达夫的素描肖像，潇洒不羁，又有几分不易察觉的病态，我觉着是刻画郁达夫的美术作品中最传神的一幅。画的作者是郁风，而郁风正是郁

郁风画的郁达夫肖像

达夫的亲侄女。郁风不光画得好，文章也有家传，后来读到她写的长文《三叔达夫》，觉着盖过了所有写达夫的文字。九十年代初去美国，兴奋点是纽约华埠的中文书店，因为满眼都是当时内地见不到的港台图书，当中一套香港三联的回忆与随想文丛，别提有多漂亮，我特意买下了文丛中郁风那本《急转的陀螺》。

我之留意郁风，又是因了叶灵凤的缘故。叶灵凤和郁家的因缘不只一代，还在他就读上海美术专科学校的时候，郁达夫就成了他踏上文坛的引路人。那一时期，郁达夫住在上海哈同路民厚南里一个人家的前楼上，叶灵凤借居的叔父的家也在民厚南里，晚上在客堂里“打地铺”，白天背了画箱到美术学校去学画，下课回来后，便以“文学青年”的身份，成为达夫先生那一间前楼的座上客了。郁达夫常带叶灵凤他们几个“小伙计”吃馆子逛书店，这样朝夕地跟随左右，受到的潜移默化的影响当然很大，叶灵凤最初的创作，自称就是“郁达夫式的笔调”；他喜欢上英国短命画家比亚兹莱，也是源于郁达夫将比亚兹莱画插图的《黄面志》介绍到中国。

《急转的陀螺》书影

这样一对师徒好友，后来却闹翻了。起因是郁达夫追求王映霞，叶灵凤和几个“小伙计”反对他这样做，并且常常搞出些恶作剧的举动，害得郁达夫在《日记九种》里诅咒说有几个青年应该铸成一排铁像跪在他的床前。叶灵凤晚年回忆说：“我猜想其中有一个应该是我。这

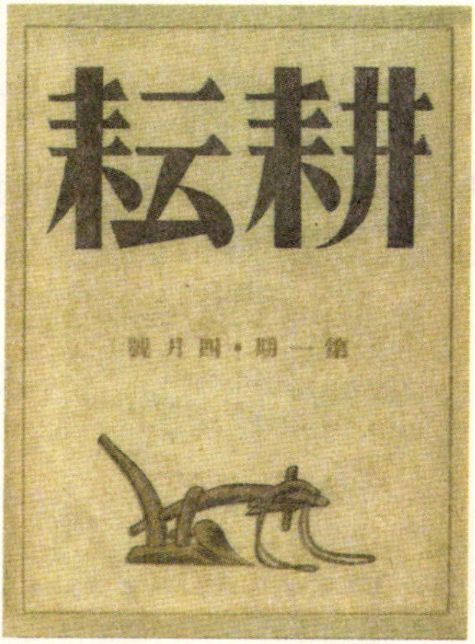

《耕耘》创刊号封面

样一直过了好几年，才知道自己少不更事，便写了一封信向他道歉。这时郁达夫的‘风雨茅庐’已经建好了，住在杭州，回了一封长信给我，说是大家不必再提那件事吧。”正是在郁达夫移家杭州这几年，叶灵凤却和郁达夫的胞兄也就是郁风的父亲郁华作了芳邻，一同住在上海江湾路的公园坊内，直到郁华在法租界的新居建好了，这才搬出去。郁华别号曼陀，抗战期间任职上海高等法院庭长，持正不阿，终为敌伪所害，在自己寓所门前殉职。叶灵凤对郁法官颇怀敬意，称他为“中国司法界的老前辈”，认为“这位大法官不仅精通法律，持正不阿，而且能诗善画，也是一雅人”。郁曼陀有《刑法总则及判例》行世，他身后家人为他刊行了《静远堂诗画集》。

叶灵凤与郁曼陀的爱女郁风相识，正是在公园坊作邻居的时候。不记得是张光宇还是叶浅予说的了：“当时郁风还在南京念书，放假回上海的时候，也到灵凤他们这边来坐坐。不过由于我们都是她叔父的朋友，她只好屈居世侄女的辈分了。不过那盛况也不常，由于日本军阀侵略中国的脚步愈来愈急，受到时局的激荡，大家已经无法在那个小天地里安居，于是不久就各奔前程，风流云散了。”不过，介乎叔侄与兄妹之间的灵凤与郁风却成为广州《救亡日报》的同事，在那期间他们还有过一次有趣的合作：他们报馆的老板夏衍翻译的日本作家石川达三的《未死的兵》，就是由郁风绘制插图，叶灵凤设计封面。广州沦陷之后，他们又先后南来港岛，频频地同时出现于同一页历史文献。一九四一年初，全国漫画作家协会香港分会曾举办几期“素描研究班”，灵凤、郁风都参与其中。他们还同几个南来文人组织了一个耕耘社，发行了两期质量不低的《耕耘》。郁风是《耕耘》的执行编辑，叶灵凤也是编辑之一。叶灵凤后来在《重读〈耕耘〉》一文中对郁风的编辑工作给予了

“素描研究班”留影，一排右四是郁风，二排左二是叶灵凤

充分肯定：“由于执行编辑是画家，对于图版的选择和编排都下了不少功夫，有木刻，有漫画，有速写，还有特别配合文字的插画。”

《耕耘》的发行人是黄苗子，他后来成了郁风的丈夫。黄苗子和叶灵凤的人生轨迹也怪是有趣，一个是家在香港为了艺术独赴上海，一个是上海成名因为战乱终老香港。黄苗子十九岁就从香港投稿上海发表漫画，他心目中三本最重要的与漫画有关的刊物，竟有两本叶灵凤作过主编。还有一个有趣的现象是，叶灵凤和黄苗子的证婚人是同一个人，那就是曾任上海市长的吴铁城。考虑到吴铁城是黄苗子的世伯，黄苗子又长期担任吴铁城的秘书，叶能请到吴这样的高官作证婚人，未必不是黄苗子中间撮合。战乱中避居香港，他们重又交集，当然会过从甚密。新中国成立后，郁风和黄苗子虽然回到了内地，但与叶灵凤仍旧保持了非常密切的关系。叶灵凤喜欢收藏石刻拓本，无奈有的见不到，有的买不起，是黄苗子持续多年源源不断地向他“供货”。叶灵凤日记里有许多这样的记载，我们只需一读，就能体会到苗子的情谊是如何“极可感也”。

一九四七年一月十九日：“寄苗子、郁风信，并寄赠 Contace No.2 一册。”一九四七年一月二十五日：“得苗子夫妇来信，并寄来《新民报》副刊数份。嘱寄稿，此系郁风所编。苗子并谓托盛家伦带来礼物一件，可充十二金人室所藏，想来必是欢喜佛之类也。”一九四七年四月二日：“苗子夫妇托席与群带来日本出版之安南柬蒲寨安科尔大寺浮雕拓本一册，印刷颇精美。安科尔大寺之建筑及浮雕摄影见过颇多，得见拓本此尚是第一次，虽略加缩小，但以印刷精美如见原物。极可感也。”一九六八年十月一日：“又翻阅苗子所赠《翠珍阁蜀砖拓本集》皆是原拓，在此时此地，已是十分难得之物了。”一九六八年十月二十一日：“清理所藏石刻拓本，多数皆苗子历年所赠。颇多珍贵难得者。”一九七〇年二月十七日：“灯下翻阅《喜咏轩丛书》。过去曾急欲得此书，以价昂不能买，后苗子赠我甲编一函（全部共五函）。”一九七四年三月八日：“查阅《辞源》关于韩寿‘偷香’的典故，因苗子曾赠我韩氏墓神道残碑拓本一纸，系画家陈师曾旧藏，有藏印及题字，提及韩寿与贾充女儿的故事。按李义山诗云‘贾氏窥帘韩掾少，宓妃留枕魏王才’，即指此事。有暇想以此拓本为题材写一短文。”

作家李辉说，他曾在黄苗子郁风夫妇那里，见到过一封叶灵凤一九五一年九月从广州写给他们的信：

苗子、郁风兄：

我在廿二日从香港到了广州，将在廿四早乘

黄苗子像

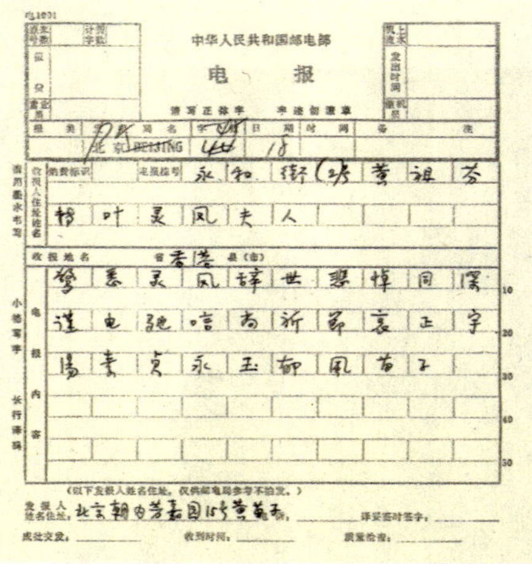
中华人民共和国邮电部
电报
北京 BEIJING
永和街(2)号黄祖芬转叶灵凤夫人
收报地名 香港
惊悉灵凤辞世悲悼同深谨电驰唁尚祈节哀正宇汤素贞永玉郁风苗子
发报人姓名住址：北京朝内芳嘉园15号黄苗子

叶灵凤逝世后，黄苗子代表张正宇、汤素贞、黄永玉、郁风发的唁电

车北上，特草此信奉告，当有机会同诸位老友们一叙。你的地址怎么又是观音，又是栖凤？究竟哪一个对？我怕将来找起来很苦。到了北京住在何处，现在还不知道。一切再说罢。今天这里正在打风，从爱群楼上俯瞰珠江，白浪滔天。出去一次，什么都湿透了。

匆匆恕草草。

弟叶灵凤 二十三日

但是据我考证，叶灵凤在一九五一年从未有北京之行，这封信应该写于一九六五年，那一年的国庆前后，叶灵凤应邀赴北京参加李宗仁招待会及国庆观礼，恰好是九月二十四日抵京。在北京总共待了九天，密集的公务活动之余，与黄苗子、郁风倒是相聚了六七次。抵京次日（九月二十五日）就于“六时起床打电话找黄苗子、郁风”。当天中午黄苗子、郁风夫妇即约在恩成居午膳。二十六日晚访苗子家，“苗子以复制晋祠侍女像见赠，又赠拓本四种，晚十一时始回。”二十九日，上午“与阿英和苗子逛琉璃厂。买书数种，画一幅，仿唐三彩俑一件”。“中午，正宇、苗子在四川饭店请午餐，见糜文焕，菜甚精。”三十日，“午后二时苗子来，约往参观四川工艺美术展览，地点在团城。”是日晚，叶灵凤参加周总理在大会堂举行的庆祝国庆国宴，十月一日赴天安门观礼，十月二日中午，“苗子，郁风，光宇夫人，张正宇夫妇及子女和女婿来新桥，以午餐招待。中午本有廖承志午宴，特去道谢”。“下午同苗子，正宇到历

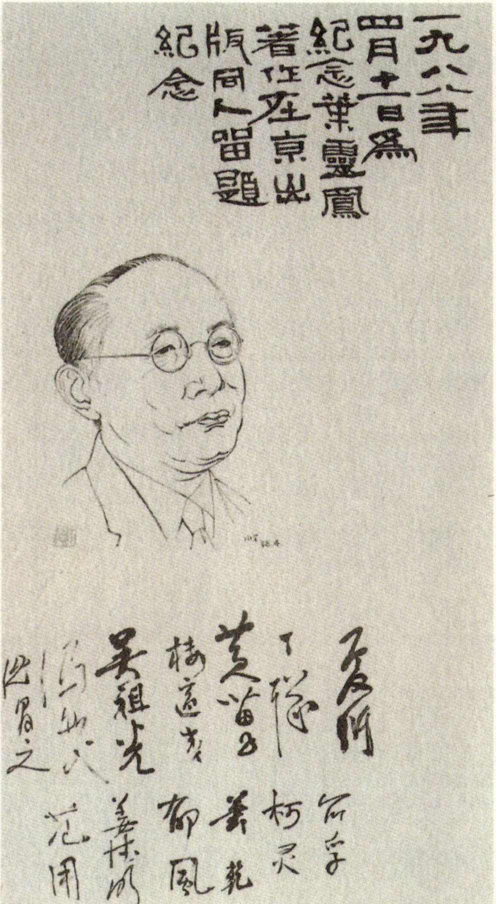

1988 年 4 月 11 日为纪念叶灵凤著作在京出版同人留题纪念

史博物馆参观”。晚上去见外甥叶周，“回来始知明早即乘飞机回广州，用电话向苗子等告辞”。

一九七五年十一月二十三日，叶灵凤病逝于香港养和医院。黄苗子代表张正宇、汤素贞、黄永玉、郁风，第一时间从北京发来唁电。一九八八年，叶灵凤三卷本《读书随笔》由三联书店出版，叶灵凤的女儿叶中敏应邀北上，出席叶灵凤生前友好发起的纪念聚会，又是黄苗子、郁风跑前跑后张罗。参加聚会的有：丁聪、楼适夷、吴祖光、冯亦代、柯灵、萧乾、罗孚、姜德明、范用、沈昌文、周健强等。夏衍年迈，活动不便，但也在丁聪作画、黄苗子题款的叶灵凤画像上题名留念。

物以类聚，人以群分，信哉斯言。不光现实中是如此，便是我们读书，读来读去，总也绕不出那么一个圈子。

黄新波作胡兰畦小说《在德国女牢中》插图

叶灵凤与黄新波

有一次去香港前，香港三联书店的侯明总编来信，说本打算把《为书籍的一生》出一个新版，可就是找不到这书，如果我有，能否带上借他们一用。《为书籍的一生》是旧俄出版家绥青所著，北京三联书店一九六三年七月出版过叶冬心的译本，我那时刚刚满月，不可能买到这书，但我后来买到了广西师大出版社的新版，那也是在书出来好几年之后的事情了，有一年去桂林，在出版社自己开的店里捡了个洋落儿。我虽说爱书成癖，也知道拿去扫描啊制版啊什么的难保不会伤损，但动身去香港前毫不犹豫地把书装进了行囊。还未及把书送给侯总，竟先在油麻地的中华书局看见崭新的一本，这样一来，借书立马变成了赠书，我的那一本也没有了毁容

·黄新波像

之忧，如此两全其美，真有如天意安排似的。

在早年写的《叶灵凤传》中，我曾借来“为书籍的一生”，用作一个章节的标题，这句话放到爱书家叶灵凤身上再合适不过，就连他自己都承认，“几乎一生也是为了书籍”。叶灵凤也有这本书，有趣的是，得到这本书的过程，本身也是一段书林佳话，见证了两位故友之间惺惺相惜的绵厚情谊。话说《为书籍的一生》中文译本出版时，叶灵凤正蛰居殖民统治下的香港，所以不仅未曾读过，就是连这书名也未曾听过。有一年他有机会北上广州，在旧友黄新波的书架上见了这书，忍不住立即取了下来，“对我这样的人来说，这是一个多么富于吸引性的书名啊！”他说。这本书的装帧非常好，内容也一定很丰富而且有趣，所以他“不禁拿在手里翻来覆去地看，舍不得放回架上”。“新波看出了我的心意，爽快地问：你喜欢这本书吗？就送给你吧。”叶灵凤大喜过望，“这正是我的私衷，只是不好意思说出口。他既然看穿了我的心思，我自然也不再客气了。于是这本《为书籍的一生》就放进我的行囊，跟着我一起回到我的家里，这个几乎一生也是为了书籍的家。”

黄新波是中国现代著名的木刻家，早在一九三四年，就与刘岘合作出版了《未名木刻选集》，鲁迅先生曾给予资助并亲为作序。有一张流传甚广的鲁迅与木刻青年的合影，紧挨着鲁迅坐的西装青年就是黄新波。黄新波和叶灵凤在上海时期即已认识，一九三八年，他们都曾供职于广州时期的《救亡日

《未名木刻选集》书影

鲁迅与木刻青年，右二为黄新波

报》，广州沦陷后又先后来到香港。叶灵凤最初主编《立报·言林》，黄新波则在《华商报》担任美术编辑。他的不少木刻作品都是在《立报》发表。一九四〇年十一月，十四位作家艺术家联名在香港报纸刊登《为援助叶紫先生遗族募捐启事》，当中就有叶灵凤和黄新波。香港光复后，黄新波重回香港，与黄蒙田、陆无涯、梁永泰等人发起组织人间画会，叶灵凤虽然不再作画，但却给了人间画会和黄新波本人不少支持。一九四七年十二月，黄新波等人组织六人画展，叶灵凤应邀参观预展，并发表了《六人画展预展会一瞥》，对画展给予了充分肯定，其中对黄新波的偏爱之情更是溢于言表。他说："木刻家出身的新波君，近来却倾向创作油画了。这次出品的木刻，仅有新作两三幅。数量虽少，但已足够稍解我的渴念。我想，许多爱好新波君的木刻的人大约都有这同感吧，在那强烈的黑白对照的方形画面上，他似乎更能够熟练地有自信地表现自己所要表现的意象。"

据说，那次六人画展之后，人间画会内部开展了对黄新波油画探索的批判，叶灵凤在文中也谈到了自己的观点，不过表达得比较委婉："在那许多青蓝色的大眼睛的油画上面，作者也许注入了更多的热忱和精力，同时也寄托了更大的期望，但看来只能令人感到拘谨和沉闷，忽略了作者在画面上所要申诉的是什么。"黄新波油画的复制品我曾经见过，以为颇有现代派的萌芽，倘能一直探索下去当会有所建树，但他的木刻本身已经足能使他不朽了。说来有缘的是，我几次去逛港岛东端的神州旧书，几乎了无斩获，独独淘到了一本《深刻人间——黄新波的艺术历程》。我喜欢黄新波的木刻，喜欢那种深邃、简洁，和富有装饰趣味的美感，而他所师承的肯特，不仅同样是叶灵凤的最爱，更与叶灵凤的推介有着直接关系。画家黄蒙田透露："一九三四年，忘记了月份了，我看到上海出版的《现代》杂志上发表了肯特的一辑黑白画——当时又有人称之为抒情画。那时我还在学校念书，对肯特对比强烈形象简洁的画感到新鲜，三年后遇到新波的时候，我才惊异于肯特的画对他的心灵具有如此强烈的冲击力量。"

说来又巧，叶灵凤恰是《现代》杂志的编者之一，当年《现代》发表的肯特的那些画，就是根据叶灵凤所藏肯特画集复制的。叶灵凤非常喜欢肯特，晚年还写过一篇《美国老画家肯特的壮举》，不仅夸赞他的版画"明快美丽"，更说"他的性情和他的作品一样，一向爽朗有血性"。黄蒙田透露："新波念念不忘灵凤的收藏，后来好像终于被他'借'去了。灵凤当然早有心理准备，

黄新波油画《都市的人》

《肯特版画选集》书影

肯特画集落在这样一个如此酷爱肯特的画家手上，后果是不难想象的，然而这未始不是一件好事。”黄蒙田还曾爆料，“新波有一个愿望是替肯特编印一本中文版画集。四十年代中期在香港的时候，他曾不止一次表示希望有人做这工作，并且向拥有肯特版画集版本最多的叶灵凤建议做这工作。”新波的遗愿直到四十年后方才实现，一九八五年，岭南美术出版社终于出版了《肯特版画选集》，但那时候，两个喜欢肯特的人——叶灵凤和黄新波，却已先后离开了人世。

跟叶灵凤一样，黄新波不仅是画家，也是一个书痴。黄蒙田在《爱书家新波》一文中说：“他有没有自己的嗜好呢？有的。除了书，我想不出他还有什么嗜好。”“记得四十年代后期在香港，那时他工作量重，经济情况坏极了，但他几乎每天必到书店报到，尤其是专卖外文书的别发洋行和辰衝图书公司。有时，他也拉着我同去，看见他捧着一本十分沉重的西方画家画集，那副贪婪的神态真像小孩子在好吃的食物之前流口涎一样。”这个寻书路线，这个贪婪又窘迫的样子，真的像极了叶灵凤的孪生兄弟。也难怪，当叶灵凤在黄新波家里拿起《为书籍的一生》的一刹那，黄新波能够立刻猜透他的心思，索性主动表示你喜欢你就拿走。

张望编《比亚兹莱画集》书影

张望·鲁迅·叶灵凤

叶灵凤素有“中国比亚斯莱”之称，他不仅“一向就喜欢比亚斯莱的画”，而且“久已想编一部比亚斯莱画集”。他曾在《比亚斯莱的画》里说：“为了筹备这个工作，我曾买了英国出版的他的作品集，这是最完善的版本，是象百科全书那样的三巨册，分成早期作品，晚期作品和后来新发现的作品。这些书都留在上海，早已在抗战期间失散了，至今仍使我耿耿于心，未能忘怀，因为现在即使再到英国去买，大约也要用重价在旧书店里搜寻好久，才可以再得到这样好的版本了。好在比亚斯莱的画，这几年在英国也时常被人提起，因为他是一八九八年逝世的，一九四八年正是他的逝世五十周年纪念，英国曾一连出版了几种他的作品的新选集，连

《猎书家的假日》书影

有名的《黄面志》也连带复印了一册出来。这些新出版的比亚斯莱画集，我差不多一本不曾放过的都买齐了。”

在香港，叶灵凤仍然念念不忘比亚斯莱，写过好多篇有关他的文章，上面引述的那篇《比亚斯莱的画》，是在读了张望编的中文版《比亚斯莱画集》之后有感而作的。这本绿色封面的画集，我也藏有一本，是十来年前在北京鲁迅故居里的鲁博书店巧遇的，当时还把得书经过写进了《猎书家的假日》里《我集藏的比亚兹莱》当中：

……不过编者韦君琳倒是真喜欢比亚兹莱，她说她从七十年代起就广集资料，着手研究这位英国画家。但她提到的资料，也不过两种：一是一九二九年鲁迅编辑朝华社印行的《比亚兹莱画选》，二是一九五六年张望编辽宁画报社出版的《比亚兹莱画集》。前一种当然不可能再得到了，后一种只印三千册，六十年后的今天怕也是可遇而不可求，幸运的是我竟然遇到也求到了。幸运之地是鲁博书店，那天一边跟董老板聊着天，一边随意地拿起一本塑纸包裹的软软的旧书，一看竟是《比亚兹莱画集》，顿时一激灵。董老板说："这是我们鲁博一位老先生在海王邨发现的，他总是把别处淘到的好书搬回我们店里。"尽管标价五百，我也觉着值，就乐呵呵买下了。这可能是"文革"前中国大陆出版的唯一一本比亚兹莱，那个年代也能出版这么颓废的画儿，想必是沾了鲁迅的光……

有意思的是，叶灵凤在日记里提到张望编的这本画集时，也说过"全引鲁迅之言作护符"这样的话。我写那段话时还没有机会读到叶灵凤日记，叶先生更不可能见到"余生也晚"的我的文字，只能说是"心有灵犀"

了。话说叶灵凤读此书，是在一九六七年九月，那时节香港已“气候转凉”，五月开始的反英抗暴闹闹嚷嚷了几个月，也渐进尾声。六日这天，“黎明大雨倾盆，数小时未止，白昼至晚间，整日不停有雨”，叶灵凤心情不错，惬意地翻阅起画册，看的正是张望那本。看完在日记里写了这样一句话：“捡出张望在一九五六年所编印的《比亚斯莱画选》，全引鲁迅之言作护符。”

从行文的口气看，叶灵凤似乎对张望并不陌生。事实上，在中国新兴木刻运动中，张望也算一位响当当的人物。他是一九一六年生人，出生于广东潮州，原名张发赞，曾用名张致平、克之、张抨等。一九三一年夏，考入上海美术专科学校西洋画系，当时年仅十五岁。他曾自述：“在这三年半的时间里，由于喜爱木刻而有机缘接触鲁迅先生。”他参与创办了 M.K 木刻研究会，十七岁那年就发表了代表作《负伤的头》。这幅版画也深得鲁迅的赞赏和推崇，将它和张望的另外三幅作品一起收进了《木刻纪程》。张望后来在《诞辰百年忆先生》一文中回忆到当年的情形：

木刻集印出，先生还得一一寄出并还木板，真是“有恒性而极负责”。不久的一天下午，柳爱竹匆匆来找我，笑着送来一包书，打开一看，原来是《木刻纪程》四册，说是鲁迅先生送给我的，真是喜出望外。为什么给我这么多呢？柳说：“周先生说你发表四幅作品，故送四册嘛。”

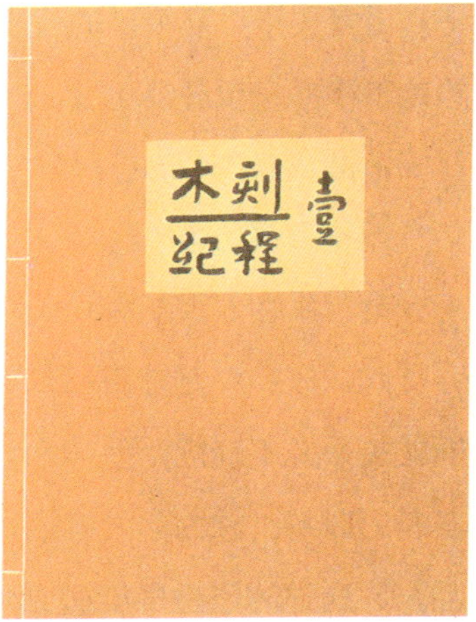

《木刻纪程》书影

那个时期叶灵凤也在上海，虽然没有直接证据证明他和张望有所接触，但知道他的名字和作品应是肯定无疑。叶灵凤曾在一九六一年说过这样一句话：“我一向是木刻爱好者，三十年来，目睹新木刻运动从摇篮期一直长成到今天这健壮浩大的队伍。”一九三四年十月十六日发表于《晨报》的《木展在上海》更说：“出品的差不多都是我曾经见过面的人，虽然有的还在不良的环境中奋斗着，有的已经安静的躺在地上了。”

无论是亲历者，还是研究者，很多人承认，叶灵凤至少是“站在中国新兴木刻运动‘边缘’的”。一位叫作艾姝的研究者更坦承：“实际上，叶灵凤与新兴木刻圈的关系并不疏远，他与木刻青年罗清桢、张慧、赖少其有所联系，并为前两者题签封面，后者也向他寄赠作品。”这说的还是早年间上海时候的事，到了香港，他更与黄永玉、黄新波、梁永泰、唐英伟等一大批木刻界重镇建立了深厚友谊。除了一直致力于推介中外木刻画家和作品，普及木刻知识，叶灵凤也常为新兴木刻运动实际奔走，一九三五年，第一届“全国木展”拟在上海进行，但却遇到重重险阻，可能遭到统治当局查禁，“山重水复疑无路”，就连鲁迅都对前景不太看好：“北平及天津的木刻展览会，是热闹的，上海不知何日可开，大约未必开得成。”艾姝的文章说，正是“叶灵凤这位跨界文学与美术的木刻爱好者、促进者，为全国木展在上海的顺利展览予以协助，不仅为展览的顺利开展积极疏通官方关系，更协助展览向各方募款。”

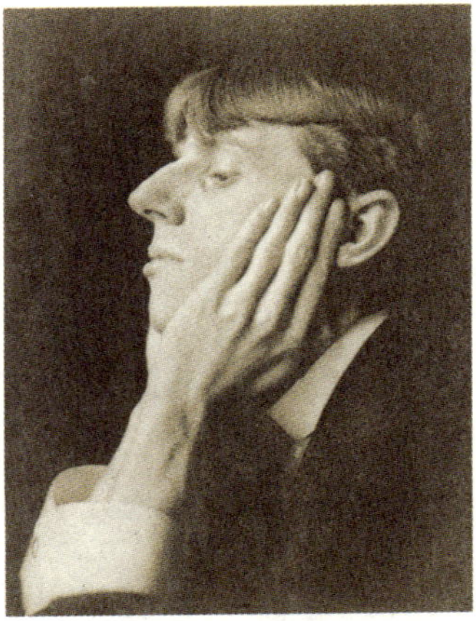

比亚兹莱像

据说，鲁迅当年并未出席第一届“全国木展”，是不是因为叶灵凤“染指”的缘故，不得而知。但当年的个别组织者，例如金肇野，回忆起叶灵凤为展览奔走斡旋时，态度确是有几分暧昧的。毕竟在他们眼里，鲁迅才是中国新兴木刻运动的旗手，至于叶灵凤，不仅“政治态度存疑”，“年少时还挑起过与新兴木运精神领袖鲁迅的笔伐、图伐”，差不多可以列入对立阵营了。艾姝倒是有些为叶灵凤打抱不平，她在《早期新兴木刻运动的联合、协作与分歧——以一九三五年第一届全国木展为例》一文中甚至说：叶灵凤“甚至将木刻倡导者的头衔拱手让与鲁迅”。叶灵凤若是听了这话，

《张望集》书影

想必会一笑置之。对于木刻，他是只图喜欢，乐见花开，从来不曾计较在木刻运动中有什么江湖地位。

再回到叶灵凤的日记。就在感慨张望“全引鲁迅之言作护符”的同时，叶灵凤还写下了《比亚斯莱的画》这篇文章。他在文章中，一方面，对张望能够选印“六十幅的一巨册”表示钦佩，并且声言“我倒可以暂时搁起（编印比亚斯莱画集）这个志愿了”；另一方面，又非常诚恳地说：为了模仿比亚斯莱的画，“我曾一再挨过鲁迅先生的骂，至今翻开《三闲集》、《二心集》等书，还不免使我脸红”。就此可以认为，所谓“全引鲁迅之言作护符”，既不是对张望的嘲讽，更不是对鲁迅的不敬，只是感叹出版这样一本貌似“颓废”的书非常不易罢了。

一九三八年，战火使得叶灵凤和张望都到了广州，但这里注定只是一个南辕北辙的中转站，叶灵凤南下香港，张望则一路向北，先重庆，后延安，再东北，最后终老于“祖国东北的一角”。在鲁迅美术学院院长和教授任上，他写下不少有关鲁迅和美术的论著。我曾细读过《张望集》和《张望美术文集》里的所有篇目，在论及比亚兹莱、蕗谷虹儿、麦绥莱勒、珂勒惠支等等鲁迅、叶灵凤共同喜欢的域外画家时，他从来没有提到过叶氏。这一方面说明“冰天雪地之下的沈阳”与岭南渔村的遥远与隔膜，另一方面也有可能是张望有意为之的厚道，因为在那些年代里，如果被提到，叶灵凤也大概率会是以反面人物出现的。

《文艺世纪》封面

神秘人物叶苗秀

在香港文坛，叶苗秀的名字似乎较少被提起，但他有着很长的写作生涯，从三十年代开始，一直持续到七十年代。《黄蒙田散文 / 回忆篇》有一篇《记叶苗秀》，文章说：“他发表文章的地盘不多，除了华侨日、晚报副刊，以《星岛日报》副刊《星座》最集中，不但数量多，质量也高。”但他的身世却很神秘，香港文学史料大家卢玮銮也知不多，她曾说：“我曾请教高贞白先生，他也无法说清楚苗秀生平，似极隐秘。说他不参加公开活动，笔名甚多，如吕芳、江湖、藏园、澹生等，有时更会与其他作者共用‘苗秀’之名。”罗琅《源克平与〈文艺世纪〉》一文说出了更多他的笔名：“叶苗秀用过吕芳、江湖、花菴、欧阁、藏园、朱翠、吉金、灵珠、澹生等不同笔名写不同内容的文章。”

叶苗秀发表文章最集中的《星岛日报》副刊《星座》，是由叶灵凤主政的，想必交情不浅。事实上，他在叶灵凤日记中也出现得格外频繁，虽然更多集中在五十年代初期。第一次出现是在一九四九年九月十日：“晚间，苗秀到报馆见访，赠我《文苑谈往》，王重民的《图书与图书馆学》论文集，及《金圆文化山梦游记》各一册。后者是暴露美国文坛内幕的。偕苗秀在美利坚餐馆小饮。”赠书、小饮，可见彼时关系就已不一般，要知道叶灵凤有时被同事硬拉着去宵夜都是很不情愿的。苗秀送他的书，此后两天就一一翻读了。苗秀将这些关于书物史谈及文苑掌故类的书赠送灵凤，也算是“投其所好”，那么，“知其所好”肯定是当然的了。

再回到叶灵凤日记，继续找找他的行踪吧。第二次出现是在一九四九年十一月十六日至二十八日，这不是说一连几天他天天出现，而是叶灵凤偷懒一次记了几天的日记。这当中的一天，叶灵凤“以霍善思坦恩的《艺术与唯物史观》日译本交苗秀，请其选译一二章出来以

葛饰北斋《凯风快晴》

便在《艺苑》及副刊上用”。这一举动，一方面印证了叶灵凤与他乃编者与作者关系，另一方面则透露了苗秀熟悉日本语言文学的背景。苗秀发表的有关日本的文字也的确不少。《文艺世纪》一九五七年十月号推出“鲁迅先生逝世廿一周年纪念特辑”，其中就有他（署名欧阁）一篇《心随东棹忆华年》，是译自增田涉《鲁迅与日本》当中的一章。苗秀对日本美术似亦熟稔，多人合集《五十又集》中有一篇《葛饰北斋的浮世绘》，就是出自他的手笔（署名澹生）。在这篇文章中，他谈到北斋有一个“改名的癖嗜”，定名“北斋”之前先后改过六次，“以后依然未能戒除这种改名的癖嗜，到九十岁以前他还改过二十几个别号呢”。联想到别号也多的苗秀自己，真让人陡生五十步笑百步之叹。

叶苗秀可不是只懂东洋，西洋的事也知道不少。《文艺世纪》一九五七年九月号还有一篇他的《史坦贝克的小说》（署名欧阁），行文有如行云流水，两个半页的篇幅便说清楚了史坦贝克的一生经历、主要作品和得意失意。我们且欣赏一下文章开头的一段，感受一下他的文章是如何好读。

> 约翰·史坦贝克是在美国加利福尼亚州的那座约略占了中央位置的萨利纳斯谷中出世的。萨利纳斯谷是夹在两条陡峭的山脉当中的湿地带，所以是一个畜牧极盛的地方，他父亲在州里当会计，母亲也是一位小学教师。史坦贝克度过可以尽量享受大自然之美的少年时代后，便考入斯丹福大学读书，

但是他完全没有把学位放在心里，只专心致志于对他所欢喜的课程（原来他是专攻生物学的）用功，在大学时期，他曾两次半路辍学去体验工人生活。早在这个时期他已经立志要做作家，给大学所办的文艺杂志投稿了。离开斯丹福大学后，他在纽约的报馆里工作过，只是为期很短，因为报馆当局说他不做事实报告，只知写些出于主观的新闻，不久便辞退他了。

叶苗秀关于西洋文学的文章，在我所能见到的《文艺世纪》上还有很多篇，包括：《自然主义作家左拉》、《左拉之死》、《卢梭的忏悔录》、《斯汤达的〈红与黑〉》、《福楼拜的恋爱生活》、《巴尔扎克初恋的故事》、《巴尔扎克与美术的关系》、《易卜生的〈玩偶之家〉》、《安徒生的小说〈即兴诗人〉》、《杜斯·帕索斯的“美国”三部曲》、《德莱塞和他的〈美国的悲剧〉》、《〈汤姆叔叔的小屋〉和作者史佗夫人》等。奇的是，横贯东洋与西洋之间广袤的俄罗斯，也是他关

酒家望子

花菴

望子，俗稱幌子，是華北一帶商賈所用招牌的一種。原來招牌有兩種，用文字來標出所鬻的貨色的是招牌，用一件物品來模仿或象徵所鬻的貨色的是望子。南方店鋪專用招牌，北方店鋪既用招牌，也往往用望子。這種南北風習不同，並不是近時現象，早在清乾隆年間編成的翟灝『通俗編』卷二十六早已說到：『今江以北，凡市賈所懸標識，悉呼望子，訛其音乃云幌子』，可知望子是北方特有的招牌，由來已久了。這種不同大概是由於南北文化普及與否所遺成的吧？因爲招牌只對識字的人有用，但望子對不識之無的人卻很方便的。

望子這個用語在北宋初期，或者在唐代似乎就有了。宋眞宗大中祥符四年重編的『廣韻』，在二十四鹽一條內便有『青帘，酒家望子』一句，這條記載，恐怕要算是最古的了。

店鋪用望子，似乎以酒家最普遍，並且歷史最久遠，據南宋洪邁「容齋隨筆」續筆卷十六，酒肆旗望一條說：『今都城與郡縣，酒務及凡鬻酒之肆，皆揭大帘於外，以青白布數幅爲之，微者隨其高卑小大。村店或挂瓶瓢，標帚秆，唐人多詠於詩，然其制蓋自古以然矣。韓非子云：「宋人有酤酒者，斗槩甚平，遇客甚謹，爲酒甚美，懸幟甚高，而酒不售，遂至於酸。」所謂懸幟者此也。』如此說來，酒家用旗做標識已是先秦時代的風習了，唐詩裏也常常寫到酒旗，最膾炙人口的便是杜牧『江南春』詩中的那一句「水村山郭酒旗風。」

酒旗的劃制，據「廣雅」那一句「青帘，酒家望子」看來，用青布做旗大概是本來面目吧？而在晚唐詩人鄭谷「旅寓洛南村舍」詩中又有「白鳥窺魚網，青帘認酒家」，可知道種風習，唐代早有了。

但是上引「容齋隨筆」那一段文字卻說到南宋時酒旗除用青布以外，又有用白布來做的。都城大酒家更要用華美的錦旗，如孟元老記北宋末期首都汴梁，即今日的河南省開封的繁華情形的「東京夢華錄」，在卷八，中秋一條上說：「中秋節前，諸店皆賣新酒，重新結絡，門面綵樓，花頭畫竿，醉仙錦旆，市人爭飲，至午未間，家家無酒，拽下望子。」所謂「醉仙錦旆」是上面剌繡醉仙的錦旗，亦即酒家望子。「花頭畫竿」是懸掛望子的竹竿。這種錦旗是中秋節推銷存酒時特地做出來爭華鬥靡的。

又有在布上大書詩句的風習，據宋江少虞『皇朝類苑』卷三十八，酒帘一條說：「王逵（按王逵是宋眞宗天禧三年進士，官至刑部郎中，見「宋詩紀事」卷九）以祠部員外郎知蘄州，倘氣自矜。蘄唐有當爐老媼，常醞美酒，士人多飲其家。有舉子謂曰：「吾能與媼致十數千（按千即一千錢，亦即一貫），媼信乎？」媼曰：「儻能之，敢不奉教？」因俾媼市布，爲一酒帘，題其上曰：「下臨廣陌三條闊，斜倚危樓百尺高。」又曰：「太守若出，呵道者必令媼卸酒帘，但俾若不開，俟太守行馬至帘下，即出卸之。如見責譜綴，卽推以事故，謝罪而已。必問酒帘上詩句，何人題寫，但云某嘗聞飲酒者好誦此二句，言是酒望子詩，媼遂託善書者題於酒旗上，自此酒售數倍」。王果大喜，呼媼至府，與錢五千，酒一斛，曰：「賜汝作酒本。」詩乃王詠酒旗詩也，平生最爲得意者。」這是一個關於酒旗的趣事，但由此卻又可以知道宋代有大官經過時要除下望子的風習。

酒旗的形狀究竟是怎樣的？在複製影寫的宋元古畫上連影跡也見不到，但在有一種明萬曆三十五年序的王圻「三才圖繪」，器用部，卷十二，就有「酒帘」圖。又在萬曆年間到明末這一段時期開板印行，或重刻影印的戲曲小說的插畫上，往往畫出酒旗來。例如「元曲選」本的「城南柳」，「看錢奴」，「救風塵」，「李逵負荊」及「盛明雜劇」第二集的「易水寒」的插圖，「拜月亭」傳奇德壽堂刊本，凌延喜刊本第二十二齣的插圖，一百二十回本「水滸全傳」的「醉打蔣門神」，「剪髮藏金印」，「追甲趕時遷」等圖，「金瓶梅」第六回的插圖，都有酒旗畫出來。所有酒旗的形狀都大致相同，其中也有寫上

（酒幟）

（酒帘）

《文艺世纪》创刊号发表的《酒家望子》

注的目标，在《文艺世纪》一九五九年七月号上，他又发表一篇《作家兼医生的契诃夫》，以契科夫说过的“医学是妻室，文学是爱人”这句名言为中心，追寻他“同时追捕二兔”的有趣的一生。苗秀也懂俄语吗？我不禁在内心追问。兴许他只懂日文呢，英语俄语啥的都不过是从日文转译。但在那个年代，同时精通几种文字并不怎样罕见，即使是从日文转译，他的转译功夫也是十分了得啊！

说到这里，你要就此以为苗秀是专吃洋墨水的，那就错了。就在写史坦贝克的这同一期上，还有一篇署名史翠的《古代文学、民俗与月亮传说》，则纯然是国粹了。引经据典，密不透风，却又流畅好读，让人惊讶他怎样就读了那么多古书。但那时的人就是这样，学贯中西绝不只是一个戏言。而苗秀的厉害之处还在于，他所引据的经典，除了文字，还有图画。在《文艺世纪》创刊号发表的《酒家望子》（署名花菴）中，他为了考证华北一带商家所用的望子（也就是俗称的幌子），引述了《三才图绘》以及多种元椠明刊戏曲小说的插图，涉猎之广，令人佩服。就是专写中国古代美术的，也有好几篇。

其实，他对当代西洋美术也同样关注。《文艺世纪》一九六二年二月号和四月号，他连续发表两篇关于毕加索的文章（都是署名吉金），一篇是《毕加索的三种版画》，另一篇是《毕加索的毕加索》。前一篇借着“最近日本举办了一个毕加索版画展”，把毕加索一生所采用的三种版画形式——铜板、石版和麻胶，进行了一番总结。这样的话题是很容易落入太过专业的陷阱的，但他的叙述一些儿也不枯燥，更在文章的起首，先就营造了一种石破天惊的气氛：“毕加索的全貌，从他的版画来了解，同样是踏着破坏的足迹走去的。”至于那篇《毕加索的毕加索》，则是叙述《生活》杂志摄影记者大卫·邓肯如何在毕加索的别墅一住两年，将他没有卖出甚至没有发表的五百幅藏画逐一拍摄下来，编成一部《毕加索的毕加索》。“这部《毕加索的毕加索》印出来的画，完全不是什么画稿，自然也不是失败之作。幅幅都是精品。”说到这里，不免要碰到一个很大的疑问：毕加索为什么要尽可能把自己的画存在自己手上？苗秀给出的答案合乎情理而又妙趣横生——“这种习惯正如那些大富翁宴客时只拿普通的酒来款客，上好的美酒却要留下来自己享受的习惯一样。”

叶灵凤同样痴迷毕加索，买了许多毕加索，读了许多毕加索，写了许多毕加索，但我感觉，不如苗秀写得过瘾。叶灵凤的弱点是每天都要赶稿，每天都要发稿，静不下心来写篇稍长一些的；苗秀没有老编的压力，就能从容经营，所以就有了起承转合，就能营造波澜壮阔的气势，到最后又都能收得回来。叶灵凤肯定也爱读苗秀的文字，他们在一起也有太多共同话题，所以就乐意呆在一起。一九五〇年一月二十三日，叶灵凤的日记说：“晚与苗秀饮茶，托购之《论现代资产阶级艺术》一书已购得。此系译自俄文者，原作者为凯缅诺夫，共系两篇论文构成，对现代欧美艺术作了广泛的检讨。对毕加索颇多攻击。”不免猜想：既云“托购”，叶苗秀是开书店的，也未可知。次年五月二十三日又说：“苗秀以北京文物局出版之《文物参考资料》及《甲骨文发现五十年的总结》各一册见赠。”更让人怀疑他是卖书的。七月十二日，苗秀又有赠书：“与苗秀晚餐，他以《人间词话》、《白雨斋词话》等书见赠，其中有龙沐勋所选之《唐宋名家词选》一册，卷前有龙亲笔签名，系赠予胡汉民者，不知何时流落旧书摊上也。”这又让人觉得，苗秀不一定是自己开店，这些书似乎是得自旧书摊也。不禁想起罗隼那篇《昔年的“智源书局”》，这篇文章说：智源书局是香港一家存世很久的“专销日本图书”的书店，“相识朋友中常托智源书局订日文书籍的，叶灵凤、叶苗秀是常客”。顿悟苗秀也不过是灵凤那样的爱书家而已，只是跑书店比叶灵凤跑得更勤。他也总是向灵凤提供一些最新的书市信息，例如叶灵凤一九五一年十一月七日的日记说：“晚间与苗秀在美利坚晚餐。彼谓大公书局有精装本鲁迅日记一部出售，价一百二十余元。有便当去一看。”

跑书店更勤的苗秀甚至还扮演起了中间人。一九五一年八月六日，“苗秀来信谓有人有精装本《鲁迅书简》出售，索价二十元，问我要否，踌躇未能即答。”这个价钱在当时算是不菲了，但踌躇一夜，次日灵凤便

“复苗秀信，托购《鲁迅书简》。”又过了一天，“苗秀送《鲁迅书简》来，红布面装订与全集一式。翻阅一遍，发现其中颇多关于汉画石刻资料。”正是由这本书，引发了叶灵凤那句非常经典也非常重要的话：“我与鲁迅翻脸极早，因此从未通过信。也从未交谈过。左联开会时只是对坐互相观望而已。在内山书店也时常相见，但从不招呼。”

隔了大概一个礼拜，叶灵凤“与苗秀黄鲁等在高升饮茶，谓《南洋商报》挽人来邀写稿。”黄鲁和叶灵凤一样，都是广州沦陷后来香港，且在太平洋战争期间滞留香港未走的，揣测叶苗秀的形迹也大致与黄鲁相同。但又见侣伦《艺坛俯拾录》中说：“香港从三十年代开始，直至太平洋战争爆发为止的整个新文艺活动过程中，曾出过好几个诗人。他们之中值得提起的，有苗秀、刘火子、李育中、张弓、易椿年、李心若、夏果、柳木下、杜格灵。”老报人甘丰穗在《侣伦写作决不“去住先”》中也说：“至于在新文学拓展者中，活跃的作者除侣伦之外，有黄天石、谢晨光、张吻冰（即望云）、岑卓云

（即平可）、黄谷柳、杜格灵、叶苗秀、张稚庐、龙实秀。”如此看来，叶苗秀又似本土成长的作家，甚至是新文学滋长期第一代“早飞的燕子”。不过，他和黄鲁属于相熟的诗人，倒是不假。甘丰穗在上揭文章中也提供了一个佐证：“《文艺周刊》（华侨日报）的撰稿人主要是‘九龙城帮’的黄谷柳、黄蒙田、黄鲁以及叶苗秀、柳木下和侣伦自己。”一九五二年，黄鲁因心脏病突发不幸英年早逝，就是叶苗秀代叶灵凤送了一个花圈。

既是三年零八个月灾难岁月的难兄难弟，来往自然稠密，叶灵凤日记中有很多与叶苗秀单独餐叙的记载。一九五一年六月八日，“晚豪雨不止，与苗秀在美利坚餐室晚饭。”颇有些风雨无阻的意思。八月二十三日，“与苗秀在美利坚晚餐。”八月三十一日，又“与苗秀等在高升茶楼饮中午茶”。九月七日，则是既送书又吃饭：“苗秀购得文物参考资料《敦煌特刊》上集送来。同往茗园晚餐，吃马来咖喱食品，颇刺激开胃。不能吃辣者受不了也。”苗秀心细，没有忘记下集，这月的二十四日就送来了，这也算得上及时雨，因为内中“有梁思成等人的考据文章，其中建筑部分关于塔的考证颇有趣，我久想写一本关于中国塔的史话”。

“每逢佳节倍思亲”，佳节之期通常也是至亲相聚的时候，灵凤和苗秀有时也佳节共度。一九五一年十二月二十四日：“今日为基督教的圣诞之夜。与苗秀在其乐饭店吃一客火鸡，广东烧鹅的味道胜于它多多。”苗秀还是颇具象征意义的“拜年中人”，一九五一年二月十二日，正是旧历春节，“傍晚，苗秀、黄鲁、黄茅、尊古斋潘氏弟兄，及顺记雪糕店主吕顺，一起来拜年，少顷，郑家镇亦来。一同看新买的画集，炒上海年糕，并冷盆酒肴款客，至晚九时始散。”

一九五二年，日记中还有不少两叶“吃烧鸡，饮啤酒”的记载，可惜从一九五三年二月起，日记就中断了，正式恢复已是一九六七年。叶苗秀再次现身，更是到了一九七〇年三月十五日。这一天的叶灵凤日记说：“今晚苗秀约定在四川楼晚餐。下午编好稿件，六时半去，然后由中辉陪往报馆。多时不见苗秀，彼亦患深度近视，眼镜度数已深得无可再加了。”但苗秀仍在笔耕，

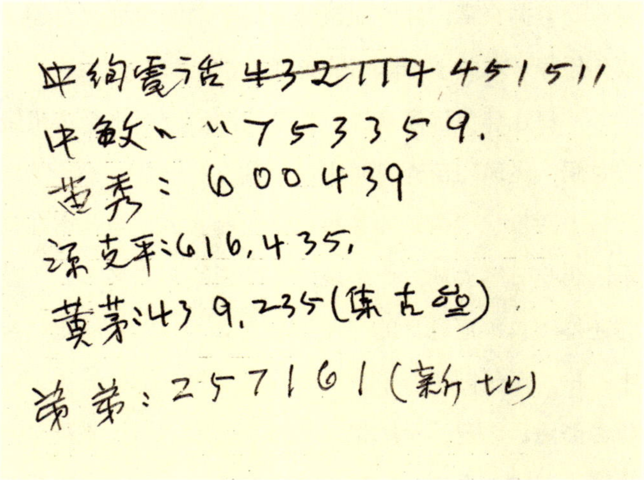

叶灵凤日记手迹

一九七〇年十月二十一日，“苗秀有一译稿，谈北魏元氏墓志盒上所刻的十八怪兽图像”。叶灵凤将它刊发在《星岛日报》的《星座》，笔名仍用的花菴。叶灵凤在日记中还感慨：“此石刻似未见人提过。原石已运往美国。翻阅各种中国美术史，在日本平凡社的《世界美术全集》的《中国》第二卷略见提及。学问之难，可以想见。”这是叶苗秀最后一次亮相。

叶灵凤的日记止于一九七三年，在这一年的末尾，日记簿上记载了六位至亲挚友的电话，分别是长女中绚、三女中敏、苗秀、源克平、黄茅和弟弟。由此也可以看出苗秀在叶灵凤心目中的地位。遗憾的是，苗秀也未免太神秘了，神秘得只留下一串和他的文章一样秀气的名字。

金鸡出版社简介封面，Eric Ravilious 木刻

叶灵凤与刘芃如

刘芃如与叶灵凤结识，是托黄永玉向叶赠书开始的。黄永玉在那本书里夹了一张纸条：“芃如兄托转赠先生外版书一册，据说颇珍贵，愚见认为不见得，请明眼人看看。玉。”叶灵凤事后回忆：“永玉的字条上没有日期，但这必然是一九四九年以后，一九五〇年以前的事情，这时他还留在这里，不曾北上。我和芃如相识，就是在这时候，凭了这本书作媒介，由他介绍的。”“他大致知道我和永玉很熟，就托他送上了这本书。”

至于那本书，叶灵凤说：“这是一本英文小书，是将英国十八世纪一个作家所写的《书信大全》一类的小册子加以重印的。芃如说他很珍贵，这倒是实在的，因为这是英国有名的‘金鸡出版部’所出版，是仅印了

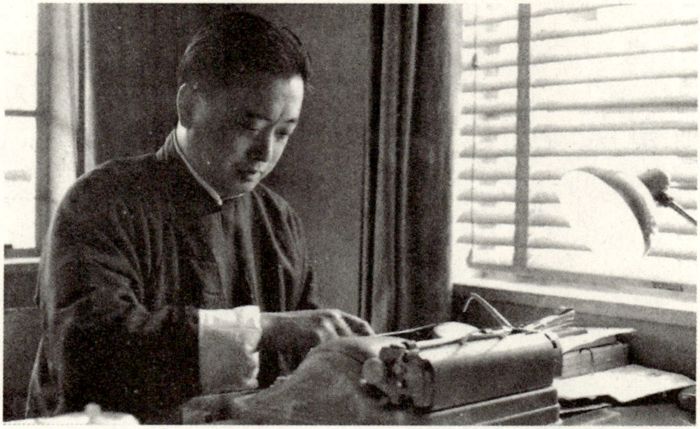

刘芃如像

五百册的限定版。这一册的编号是一二六。全书虽然页数不多，纸张，字体，排印和装帧却十分精致，书内还附有木刻饰画和插图。一九四八年出版。”叶灵凤果真是“明眼人”，说这书很珍贵一点不假。这些年我也淘了几册金鸡限定版，吉尔、吉宾斯、莱特等画家的插图和装帧美轮美奂，不过价格也翻了好多倍了。

刘芃如赠书，绝不像一般俗人那样把它当作“敲门砖”，他是把“以好书好画送朋友”视作一种“美德”，“宝剑赠英雄，自己也分外高兴”。在他写的《书画和友情》里，他曾这样说：“朋友们常常送些书画给我。这样的事情永远使我高兴，从心底感激他们。因为这不是所谓‘秀才人情’也。”“这些书画，好像些最动人的信，让我又知道了他们各人的心情和生活，睹物思人，特别感到亲热。”他还讲述了一个“书、画、友情交织”的故事：

> 是好些年前的事了。那时我刚到伦敦不几天，住在一家波兰人开设的旅馆里。天很冷，我们都在客厅里围炉聊天。一个法国小姐跟我闲谈起来，谈到中国，也谈到法国。
>
> 后来，我离开伦敦，到了另一个英国城市。大概是一个月以后，一天早上邮局送信的人来了，递给我一个小包裹。打开一看，就是这本《海的沉默》的法文小书。而且是“子夜丛书”的初版！书是用粗劣的纸印的，字迹也不太清晰，可以想见当年在巴黎地下室中秘密印刷的动人情景。扉页上写了几行小字：“为了纪念在伦敦的中法友情！”下面署

名的就是这位我跟她只有一面之缘的法国姑娘。就这样，这本小书就成了我书架上的“宝贝”之一。很抱歉，我连这位朋友的地址也没有，至今还没法写封信去向她道一声谢。

说到写信，刘芃如也是对此情有独钟，并曾做过专门研究的。他写过一篇《写信也是艺术吗？》，在里面列举了很多他自己以及古今中外许多名人的书信往来故事。他说：“书札尺牍，是一种最亲切的文字艺术。”“一封写得好的信，能见出一个人的性情”。“一个人忽然接到一个老朋友情文并茂的信，自然是一大乐事。一个人忽然兴致来了，发函申纸，濡墨直书，跟朋友痛痛快快畅谈一番，也是人生一大快事。”他应该是收集了许多有关书札尺牍的有趣读物的，送给叶灵凤的这本精致小书，又该是千里迢迢从英伦携回。

刘芃如生于一九二一年，应该是四川人，因为在那篇《写信也是艺术吗？》里，他就这样写着：“十多年前，住在峨眉山下，与松风明月做伴儿，差不多每月都收到

叶灵凤与刘芃如（右一）等合影（红豆）

一封从很远的海滨寄来的信，信里往往还有新诗。我那时的喜悦可想而知。”他读的是四川大学外文系，在那儿毕业后，又到伦敦大学研究英国文学。一九四九年归

《卓别麟外传》书影

国时途经香港，就留在了这个有山有水的海岛，先是担任《大公报》、《新晚报》的翻译、编辑和课主任，最后是担任新华社香港分社主办的英文杂志《东方地平线》（*Eastern Horizon*）月刊的总编辑。他写文章时爱用的笔名是洪膺。一九五三年曾由上海出版公司出版《卓别麟外传》，用的则是本名。

叶灵凤在回忆刘芃如时，标题就用了芃如文章里说过的那句“睹物思人”。叶灵凤说：

> 自从认识了以后，这十多年以来，我同芃如就经常见面。只有这一两年，他忙着英文《东方月刊》的编辑工作，见面的机会少了一点。可是每月收到

邮寄来的刊物，读着他用英文写的《东方日记》，隽永轻松，心里总是又高兴又钦佩，知道他已经跨上了一条前程未可限量的大道了。

刘芃如第一次出现在叶灵凤日记中，是在一九五二年三月一日：“《大公报》的刘芃如等来家中谈天看书，再三邀给他们写点文章。”刘芃如向叶灵凤约稿，应该是为达文西（即达·芬奇）特刊。因为隔了一天的日记又补说：“下月还有一次重要的文艺纪念日，是达文西的诞生五百周年纪念。前天《大公报》已经来预约写文章了。”刘芃如兴许知道，叶灵凤曾说过：“我正是世上无数的‘莫娜丽沙狂’之一，是这张画的爱好者。”早在上海的时候，在一个秋天的下午，他就在四川北路一家旧书店里买来了莫娜丽沙的复制品，配起镜框挂在墙上。到了香港还是买，还把它挂在墙上。他曾在《记莫娜丽沙》一文中透露他喜欢这张画的秘密：“佛洛伊德说达文西的这张画，是对于他母亲的追念，他从莫娜丽沙夫人的微笑中看出了他母亲的微笑，所以才有这样的成功。如果佛洛伊德的精神分析论可靠，那么，早年丧母的我，也许从这幅画上寻出同样可宝贵的记忆了。”

未来的这一个来月，叶灵凤就沉浸于达文西了。先是读各种达文西传，四月一日的日记说：“他的传记最重要的该是伐萨里《画家传》里的那一篇，可惜我没有他的札记。美国本有译本，一连多年都想买，可是没有机会买到。”这天的日记还说：“四月十五日的五百周年诞辰纪念，怕要写好几篇纪念文章。”这个“好几篇”至少是四篇：四月九日，“写了一篇两千字纪念达文西的文章给《周报》用。”《周报》是指《星岛周报》，叶灵凤是该刊编委。他还“选达文西的作品一批作《星岛周报》的画报资料，又用他的《莫娜丽沙》作封面。”四月十日，“黄茅约喝茶，《新中华》要写一篇三千字的达文西纪念文章。……并说拟制一幅彩色的《莫娜丽沙》。”四月十二日，“《新晚报》要出达文西特刊，为他们写了四千字的评传。”四月十三日，“在《星座》上写了一篇一千字的纪念达文西的短稿，应应景而已。”写完自己笑了：“看来本港的有关达文西的几篇文章，差不多都是我写的，真是可笑之至。”

回到刘芃如。四月十六日叶灵凤日记说：“《新晚报》的文西特刊出版了，很不错。《大公报》的刘芃如来电话见告，谓《大英百科全书》的达文西条，有记载四月十五日为他的诞辰之句。这是别的地方没有的。”说这话是因为“达文西是私生子，所以生日不详”。叶灵凤三月十七日日记就曾为此事纠结：“电讯上说他的生日是四月十五，但各种传记上都不提起这事，未知何据。”

《新雨集》书影

叶灵凤非常喜欢法国的一部文学名著，那就是左拉、莫泊桑等六人的合集《米当夜会集》。他在香港也和几位好友推出了一本六人合集，名叫《新雨集》，六人中就包括署名洪膺的刘芃如。叶灵凤在《介绍 < 新雨集 >》一文中给予他热情的鼓励。可惜天妒英才，造化弄人。

就在《新雨集》出版后不到一年半，刘芃如竟在飞往开罗途中遭遇空难，只活了四十三岁。卢玮銮在《叶灵凤日记·出版的缘由》中说：“刘芃如逝世后，叶灵凤往往在其忌日抒发对他的怀念之情，可见两人关系密切。”收在《叶灵凤书话》一书的，就有《睹物思人》和《逝者如斯夫》。他说：“往者未往，他仍活在我们的心上。”

叶灵凤与夏果

夏果本名源克平，早年大概因为写诗追随戴望舒左右，因而也就跟戴的挚友叶灵凤熟识起来。说这话是因为源克平收入《五十人集》里的一篇文章，回忆了当年他们几个朋友去戴望舒的林泉居造访的情形：

> 战前，在香港某年一个寒夜，我们约了几位朋友，到已故诗人戴望舒的“山居”作客，他的那幢洋房是背山面水的，要经过不短的曲折山径，那时黑夜海风颇劲，我们忙把领子掀起，当我们作“僧敲月下门”时，恨不得马上跑到屋里去了，房门开处，室内“迫卜”作响，原来主人早把壁炉生旺了。我们不约而同的大家一个箭步跑到壁炉旁，才跟主

人道寒暄，诗人给我们递过“派律”牌香烟，但奇怪的是壁炉所生的火，并不用煤，而煤在那个时候是一种廉价品，但诗人却用“山枝”生火，这早把你带入了诗的气氛里去了。原来他利用空闲时间到山径拾树枝，而犹以樟树枝烧来“迫卜”有韵致外还使得整室蕴香，那又何苦用煤。

在当年，对于他的“派律”牌和山枝，就可见这位一代新诗人的简朴起居了。但他底藏书之丰，这不用我说，奇异的是用书橱去作墙饰，每个书橱是由地板而与天花板齐顶的，我们不用替诗人担心，他有一把开合的梯子。当他从梯子下来的时候，他给我们读西班牙诗人费·迦·洛尔伽的译诗，阿左林的散文，给我们读高克多的素描，有时也给我们讲梅里美的复仇故事。当我们抽完了他的罐装“派律”而后，是时候了，我们又得把领子掀起，冲出山径这条“寒带”，但壁炉里山枝的火光仍留在眼瞳里，犹使人温暖未减也。

夏果第一次出现在叶灵凤日记里，跟黄鲁有关。黄鲁也是南来的诗人，与夏果一样追随戴望舒左右，香港沦陷时期还和戴望舒一起开过一家旧书店。叶灵凤在一九五二年八月七日的日记中记载了夏果来访，是为黄鲁的遗孀发起一点捐款，因为黄鲁半月前因心脏病突发不幸去世，留下孤儿寡母无人照料。黄鲁既是叶的作者，也是叶的朋友，对于他的遽然离世，叶灵凤亦很悲痛，当即捐了五十元。一九五七年，《文艺世纪》创刊，夏果是主编，叶灵凤是刊物的台柱子，肯定会有非常密切的往还，可惜叶灵凤的日记中断了好些年，《文艺世纪》鼎盛时期的来往记事不幸阙如。只是到了这个长寿杂志行将和已经“寿终正寝”之时，才在叶灵凤日记中出现两次。一次是一九六九年一月五

《文艺世纪》创刊号封面

日："整理以前译的一些印度小故事，准备交给源克平作《文艺世纪》一月号用。"另一次是一九七三年八月二十七日："源克平寄来旧《文艺世纪》一册，内有旧作放翁故事《钗头凤》，系托其代寻觅者。"

《五十人集》书影

不过这期间他曾两次撰文为《文艺世纪》鼓吹，在《八年来的〈文艺世纪〉》中，更是不吝对刊物主持人坚持精神的赞扬：

《文艺世纪》的销数也并不理想，听说支持得也很吃力，但是刊物的主持人终于能支持下去。而且现在居然已经达到第八个年头，这就很不容易了。《文艺世纪》是月刊，自创刊以来，好像每月都能够按期出版，从未脱期，从这一点特色，看出主持人办事的毅力和韧性。刊物能够支持到今天，大约也与这一点特性有关的。

六十年代初那段时间，叶灵凤还和夏果一起出现在两本多人合集《五十人集》和《五十又集》当中，而这两本书的封面装帧，都是由学美术出身的夏果担当。叶灵凤在《读〈五十又集〉》里，专门肯定了夏果的封面设计：

《五十又集》书影

在《五十人集》出版半年之后，三育图书公司又出版了《五十又集》，这一份的出版热忱是值得钦佩的。不看内容，只要先看封面，《五十又集》就够得上说是一本漂亮的新书。夏果先生这一次的封面设计是十分成功的，封面图案的根据是亨利·玛谛斯晚年所醉心的彩纸剪贴。这是孩子的游戏，同时也是大师独具匠心之作。《五十又集》的封面设计就脱胎于此，变化得恰到好处，色彩也明朗而又沉着，上下的空白留得更是恰合分寸。书名的地位也排得很好。他这一次用了老宋体的铅字，不像《五十人集》那样用美术字，是他这一次的封面设计获得成功的重要因素之一。

比较起来，我虽然更喜欢《五十人集》的色调，考虑到两书的连续性，开本未能统一也算是美中不足，但作为书籍设计先驱的叶灵凤无疑更有发言权。关于叶灵凤在书籍装帧领域的造诣，恰好《五十又集》中林下风的《书籍·生活·情趣》有所涉及。林下风就是侣伦，他是这样说的：

创造社成立了出版部以后，自己计划出书，便出现了书装帧的划阶段时代。因为直至那时候，文艺书籍才产生了新面目。创造社在书籍装帧的提倡上的确做了一番工作。在这方面，我们不能不提起叶灵凤先生。他当日是创造社人物同时是个美术家，担任了创造社出版部装帧设计工作。当时经他的手设计印出来的文艺书籍，都具有在当时出版界前所未有的风格。像那时期出版的《少年维特之烦恼》，《落叶》，《灰色的鸟》，《木犀》，《音乐会小曲》……等集子，不但书页的纸张很讲究，封面图案很别致，而且还有饰花的扉页装帧，设计非常美观。这种新的形式洗刷了过去出版物的恶相，可以说是新文艺运动史上一件值得记忆的事情。

这应该是史上第一次有人对叶灵凤的装帧艺术做出肯定，叶灵凤的欣慰可想而知，他在为《五十又集》写的《后记》中特意说："有两篇文章里竟谈到了我自己，这就使我读了不仅高兴，而且感到光荣了。"共同的对于美术尤其是装帧艺术的爱好，就这样将夏果和叶灵凤

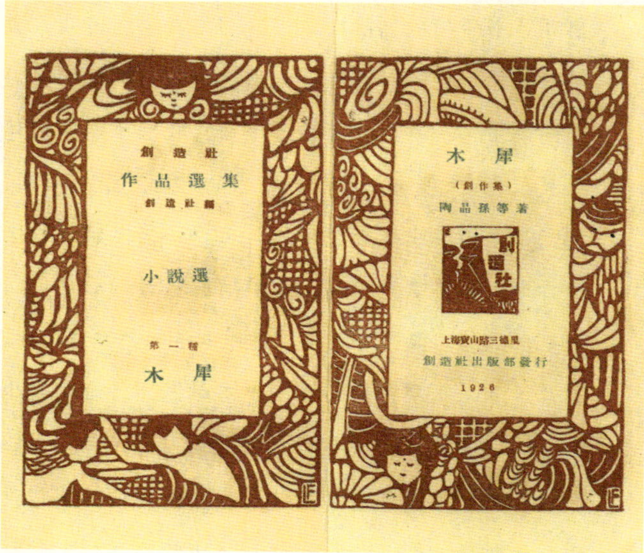

《木犀》扉页装帧

紧紧地拉到一起。在这前后出版的《新雨集》、《红豆集》和《南星集》等六人合集中，叶灵凤和夏果频频携手出场。叶灵凤在《红豆集·序》中，再一次对源克平给予了充分肯定：

《生活的鲜花》的作者夏果，是诗人，也是画家。他的这一辑散文，写的自然都是有关艺术和日常生活情趣的，写的都十分细腻深刻。我很喜欢那一篇《水墨画中见真情》，他要写的乃是关良先生对于京戏水墨画以及对于艺术青年的真情，但我们读了恰好感到作者对于他的这位老师的人格和作品所流露的真情。

夏果也是搞封面设计的，那一篇《书籍的封面设计》，对于新中国这几年新出版物的装帧和封面设计，所下的评语，不仅十分中肯，而且有他自己独到的见解。

这几种合集，大多由夏果担任书籍装帧。叶灵凤在《介绍〈新雨集〉》中特意说：“《新雨集》的封面设计和装帧工作，是由六个作者之一的夏果负责的，大方漂亮，一定也能令读者眼前一新。”但《红豆集》可能并非出自他的手笔，因为叶灵凤在《自题〈红豆集〉》中说：“可是这个书名却苦了为我们设计封面的新绿出版社的那位小姐，听说她易稿再四，才选定了目前所取用的这一幅。褐黄色果实上的那些原红色的小点，想必就是‘此物最相思’的红豆了。”几个集子中，夏果贡献的基本是有关画和画家的随笔，可谓本色出演；但诗人也是他的本色之一，所以在《新雨集》中，他那一辑便是新诗十三首。叶灵凤在《新雨集·序》中，也不忘夸赞几句：“夏果的诗，是一个南国诗人的新诗。由于住在岛上，诗人有时不免有一点怀乡，然而他并不忧伤。”他还特别指出：“读了使我最神往的是那首《萧红墓志》，因为当年‘走六小时寂寞的长途，到你头边放一束山茶花’的人，我也是其中之一；而在漫长的十五年之后，‘像考古家发现了古代文物，像勘察队发现了历史宝藏’，终于找到了那只‘小小的坛子’的，也正是我。”

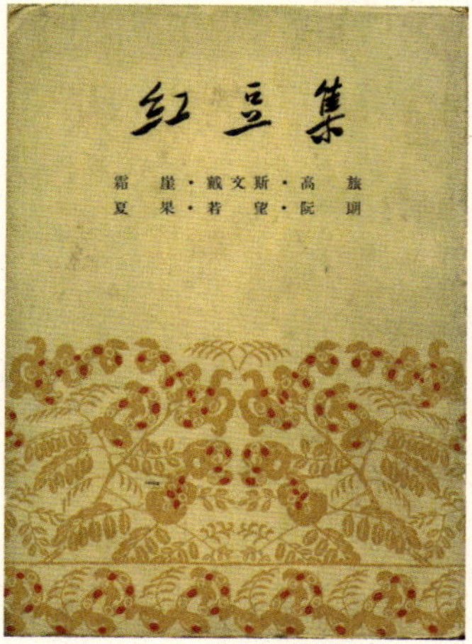

《红豆集》书影

考察叶灵凤的交往圈，发现一个有趣的现象：他交往最密、最说得来的作家，大都具有美术背景，或对美术有着浓厚兴趣，夏果是最典型的一个，另一个则是黄茅也就是黄蒙田。阮朗在《叶灵凤先生二三事》中曾说："连续几年里，叶老和几个朋友有一个先是定期，之后变成不定期的餐叙，天南地北聊聊。""我们的餐叙，用叶老的话来说，那是'蜻蜓吃尾巴，自吃自。""自吃自"一直坚持了超过百期，叶灵凤在一九七三年三月二日的日记中就说："今晚与罗、黄、源、严等在新美利坚聚餐，此种聚餐至本次已历九十九次，下次即一百次。"罗是罗孚即罗承勋，黄是黄茅即黄蒙田，源是源克平即夏果，严是严庆澍即阮朗即唐人。很多时候，参加者还有曹聚仁、陈君葆，有时还有向天、陈凡等，但核心人物是叶、黄、源，他们仨单独小聚的时候亦不少。但是，随着年事增高，身体多病，缺席的次数就越来越多。阮朗就说："这一年半来叶老经常不到，不是不舒服，便是由于白内障动手术，大家为他的健康担忧。"

很多情况下，餐叙亦是伴随着文化活动或者写作策划的，例如叶灵凤一九七〇年一月三十一日说的这回：

> 大会堂有英国亨利·摩尔的雕刻展览，俱系原作，系在日本展览后运回英国途经此地留下作展览的。机会甚难得，因邀黄、源、罗三人在下午三时同往参观。他的作品原出墨西哥、埃及、非洲和我们中国殷商艺术的影响，在抽象之中仍含有单纯化的形象表现。有些很耐看，尤其是小物件。大家看后约定各人写一点意见，构成一次笔谈会。

后来《新晚报》的《风华》周刊果真就推出了一组《笔谈亨利摩尔展览》，叶灵凤的那一篇叫作《英国名雕刻家》。那天看完展览后，少不得吃一顿，叶灵凤日记说：“有一家新开的川菜馆，名四川楼，看完展览会后，四人同往一试。吃了几样典型的四川菜，还不错。只是粉蒸牛肉的牛肉老了一些。”

一九七〇年六月十九日的餐叙，则是为了商议要创办一本杂志：“下午六时往百乐门酒家，与黄、罗、严、源小聚，谈出版杂志事，将由严向上海书局方君接洽。”方君是指方志勇，是香港上海书局掌门人。他于三十年代赴新加坡从事中学教育、书局出版等工作，四十年代后期新加坡上海书局派他来香港设立办事处，后成立香港上海书局。其后，方志勇还曾与人合办大中书局、日新书局、胜记书报社、中流出版社、大光出版社、天地图书有限公司等。上海书局为叶灵凤出了好几种书，方志勇本人对叶氏也很尊重，叶灵凤一九七三年三月十三日日记曾说：“今晚新华社在中总俱乐部请春茗。被邀者多工商财贸界人士，有七八桌，我视力不佳，人又不熟，大窘，他们又排好了席次座位，幸亏上海书局方志勇坐在我一旁，由他照料我，甚可感也。”至于拟议中的那本杂志，当然是胎死腹中了，严庆澍曾经谈到这件事：“他曾想办一份杂志，名字也定了，经费正在张罗，譬如卖掉藏画之类，可是这计划给日益高涨的物价扼杀了。”尽管壮志未酬，但“朋友们感受到叶老‘老而弥坚’的精神”。

有时，夏果还会以《文艺世纪》的名义张罗大

叶灵凤夫妇与源克平（右三）等人郊游

家一起去郊游，热爱自然的叶灵凤总是热心参加的。一九六九年三月二十二日的日记就详细记录了一次流浮山之游：

今日《文艺世纪》社邀作郊游，往流浮山吃蚝。下午二时半自市中出发，同行连同司机共六人，车行需一时半始达，地点已在边境。多年未去，原系海滨数间小店，现在已成闹市。鲜蚝甚美，又吃龙虾。市间有鱼子及鸡仔饼出售，买了一些带回，回抵香港已逾八时，迳赴报馆工作。

以后年事渐高，身体不允许了，便常常婉拒。例如一九七三年一月六日，“克平来电话，下星期五约往长洲一游，由当地何君招待，可住宿一晚，以天寒岁暮，目力又不便，答以考虑再作答。”八日，“克平又来电话，长洲之行，不拟住宿一夜了。”九日，“致电话克平，婉辞长洲之游，请其便中代买咸鱼若干。因天寒岁暮，目力又不佳，不想多跋涉矣。”夏果自己身体也多病，叶灵凤一九七〇年十二月十八日日记说：“与严、罗等在百乐门聚餐，闻源克平又卧病，医生嘱他要拔去全部牙齿，想必病源与齿根有关。”罗琅在《阳光的温暖》一文中也回忆起夏果的病：

《文艺世纪》主编夏果（源克平）生病，是庄医生多次把他从鬼门关救回来，所以老源常在我们面前赞扬说：“庄医生是好人，又是我的救命恩人。”

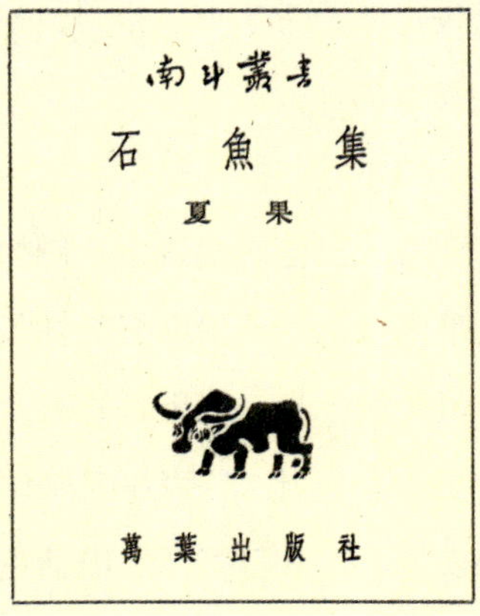

《石鱼集》书名页

可惜后来源克平兄因肠癌及其他多种并发症逝世。据说病中的老源连水也不肯多饮，食又少使他身体失去抵抗力，不然也许寿命可以延长。

但源克平也像叶灵凤一样，颇有“老而弥坚”的精神，叶灵凤参与其中的《南斗丛书》，就是由他张罗而成。一九七三年三月八日叶灵凤日记谓：“天气晴好，有阳光。午后源克平来电话，谓万叶书店拟出版一套文艺丛书，每册约七万字，约我担任一册散文小品集。视力不佳，校读甚难，当奋力为之。”这年十一月二十二日，“友辈邀往美利坚餐室小聚”，进一步谈及丛书取名“南斗文丛”，“克平邀我参加一册”。一九七四年一月十八日，万叶出版社在《文汇报》刊出《南斗丛书》出版预告，除叶灵凤的《故事的花束》外，另有九种，它们是：舒巷城《灯下拾零》、柳岸《海隅杂记》、沈逸文译《黎明：泰国短篇小说选》、萧铜《马路集》、阮朗《泥海泛滥》、黄蒙田《山水人物集》、陶融《书与桥》、龙韵《闲步集》、夏果《石鱼集》。龙韵和夏果一样，都是源克平的笔名，《闲步集》和《石鱼集》可能是源克平一生出版的唯一两本书，都很难找，我只淘到一册《石鱼集》的复印本，已觉非常难得了。

源克平与黄新波也友谊甚笃，一九八〇年三月十日他写过一篇《悼念黄新波》，发表在《广东美术通讯》第四期“纪念黄新波专辑”，全文如下：

> 七十年代初，那时回穗找新波是多少有顾虑的，生怕“港客”给他带来麻烦。因此曾与黄蒙田兄相约，由他先行“投石问路”，后来跟新波联系上了。当时大家相见都有难以言状的欣慰。
>
> 后来曾多次回广州，新波已在病中，但见他神采奕奕，这跟坚定保持高度工作信心和乐观精神所

源克平（右）与黄新波

致的。他的优秀作品中——九幅鲁迅诗意版画及别的作品，都是近年病中所作。广州画家为着对他关心，曾在他寓所贴上婉拒亲友探访的字条。当我有一回去探新波，婉拒到访者的字条照旧悬挂梯间，但新波欣然热情地从楼上走下来迎客送客，我虽然极力劝他留步也无济于事。

新波对友深情，是无所不至的。从他的赠画题名上便可见一二，他常常在上款题上“留念并正画”

的字句，“正画”，我没有资格，但“留念”，我是衷心受落的。新波给我留念的这份情谊，使我对他更为怀念。

正当“寒凝大地发春华”的时候，新波却离开我们去了；我深深体会他用木刻艺术语言所表达的，对美好前景的信心。它鼓舞我坚定地向前看，这是他的作品给我留念的真正意义所在。

这篇文章后来收入天地图书有限公司二〇一一年出版的《刀笔 画笔 文笔——黄新波在香港》一书，标题改为《新波对友深情》。比较珍贵的是，附文刊出了一帧夏果与黄新波的合影，这是我所见到的不多的夏果照片之一。照片说明说摄于一九七〇年代中的广州，从墙上所挂的新波木刻以及室内陈设可知，是在新波的家里。只不过，说明文字把夏果与新波的左右位置说颠倒了。

魯迅先生在香港

葉靈鳳

一九二七年，魯迅先生離開廈門大學，到廣州中山大學去教書的那一段期間，曾先後到過香港三次，並且曾在這裏作過兩次講演。他經過香港的三次時間，第一次該是一九二七年一月間，因爲他在那篇「略談香港」的雜文一開頭便說（見「而已集」）：

本年一月間，我曾去過一回香港，因爲跌傷的脚還未全好，不能到街上去閒走，演說一下，忽忽便歸」。

第二次，就是寫這篇「略談香港」的一次，雖不知道確實的日期，但是根據這篇雜文末尾所署：「六月十一日於廣州東堤」，當是這年六月間的事。至於第三次的日期，則見「而已集」裏的另一篇雜文：「再談香港」。這篇雜文開頭第一句說：「我經過我所謂「畏途」的香港，算起來九月二十八日是第三回」。這篇文章後面註明是九月二十九夜在海上寫成的，可知那日期是九月二十八日。

魯迅先生在本港所作的兩次演講，一次的題目是「老調子已經唱完」，另一次的題目是「無聲的中國」。據先生自己在「三閒集」的序言裏說：「我去演講，一共兩回，第一天是「老調子已經唱完」，現在尋不到底稿了，第二天便是這「無聲的中國」。

不過，魯迅先生雖然自己說「老調子已經唱完」這篇底稿。已經尋不到了，其實在今日「魯迅全集」的「集外集拾遺」裏，赫然仍有「老調子已經唱完」這一篇在，並且有副題註明是「一九二七年二月十九日在香港青年會講演」。可知這篇底稿一定是在編印「三閒集」時找不到，後來又找到了。這其中的經過，我們可以從許廣平先生在「集外集拾遺」的「編後說明」裏略知一二。她說：

「集外集預備出版送檢時，其中編者引言，來信，啓事，「老調子已經唱完」，「上海所感」……等共十篇，那時被抽去了，先生特另紙抄錄篇目，雖則原稿已落於檢官之手，幸而如「今春的兩種感想」等篇，承友好之助，得以重行補全，俾符先生特意收入拾遺中的原意……」。

可知當時是因底稿被扣，所以三閒集和集外集裏都不曾收進。並且，魯迅先生大約也因爲底稿不在手邊，對於兩次講演日期和題目先後也有點記錯了。因爲他自己說，第一天是「老調子已經唱完」，第二天是「無聲的中國」。但是三閒集裏所載的「無聲的中國」，註明是「二月十六日在香港青年會講」，而集外集拾遺裏的「老調子已經唱完」，則註明是「一九二七年二月十九日在香港青年會演講」。可知並非如先生自己所記：第一天講「老調子已經唱完」，第二天講「無聲的中國」，事實上是第二次才講「老調子已經唱完」的，因爲一是二月十六日，一是二月十九日。

魯迅在這裏所作的兩次公開演講，顯然曾經使得這裏有些人士很感到一點頭痛，因爲他自己在「三閒集」的序言裏，提起寫作另一篇「述香港恭祝聖誕」的經過時，曾這麼說：「我另有了一個想頭，以爲只要看這篇演講和通信中所引的文章，便足可明白那時香港的面目」。

至於那時香港的面目如何，我想最好還是引用先生自己的話。「略談香港」的第二段，就說得非常明白：

「我去演講的時候，主持其事的人大約很受了許多困難，但我都不大清楚。單知道先是頗受干涉，中途又有反對者派人索取入場劵，收藏起來，

故居新台門後面的「百草園」是魯迅先生幼年的樂園。

故居新台門內魯迅先生的遺物——四季桂。

·16·

《鲁迅先生在香港》页面

叶灵凤与张向天

“张向天（葵堂）今日有一篇长文，为鲁迅与周作人感情决裂事有所辩证，系指责‘今圣叹’者，刊今日的《新晚报》。”这是叶灵凤一九七〇年四月十九日的日记，是张向天第一次在叶灵凤日记中亮相。可以看出，从一开始，“鲁迅”这个话题就成了叶灵凤与张向天之间的媒介。这也难怪。一个是海外鲁迅研究的重镇，另一个自称“我与鲁迅翻脸极早”，鲁迅一直是他心中一个解不开的结。

张向天（一九一三——一九八六）原名张秉新，辽宁沈阳人，早年读教会中学，一九三七年从清华大学中文系毕业后来到香港，曾在港大图书馆供职。香港沦陷后，一度到粤西农村教书。抗战胜利后回港，担任中学

《鲁迅诗文生活杂谈》书影

教员。业余勤于写作，以“丙公”笔名出版过《东北风物漫谈》、《岭外集》、《衙前集》、《福建游记》等散文随笔。但他写得最多的却是鲁迅，在《鲁迅诗文生活杂谈》（香港上海书局一九七七年版）的《前记》中，他曾自道：

近年来读书学习，平日读的较多的是鲁迅先生的著作。每次读完鲁迅先生的一篇杂文或短篇小说，在掩卷深思之余，心领神会，触类而通，每感鷦鷯一枝之乐，而自以为略有所得，于是便把这点所得誊录在纸片上。

他对鲁迅持之以恒的专注无疑得到了认可。罗隼在《罗隼短调·悼念一位前辈》中曾说：“张向天先生是香港的鲁迅研究专家，可以当之无愧，他的许多本有关鲁迅先生读书札记，在此间出版，黄蒙田兄亦研究鲁迅，但他着眼点在鲁迅与美术，张先生则是较全面的进行研究。”除去《鲁迅诗文生活杂谈》，他还著有《鲁迅旧诗笺注》，最初在《大公报·文艺》连载，后来结集成书。罗隼还谈到这本书曲折的出书过程，由此也可以看出张向天在香港进行鲁迅研究是多么的不容易：

> 二十五六年前，我学写稿时，时常把稿子投去《文艺》周刊，因此每周都读他在那里写的连载：《鲁迅旧诗笺注》而景仰他。后来这部稿子，香港出版界无人肯出版，倒不是因为写得不好，而是内容专门恐无销路，同时又恐怕东南亚不能进口，因香港图书每本出版，星马泰占销路大半，而那时东南亚文禁甚严，作为禁书影响血本。鲁迅的东西除几本小说可以进口外，其他杂文如《热风》，《朝花夕拾》，《且介亭杂文》等都不能进口，鲁迅旧诗笺注，张先生依历史背景材料进行注释，工夫做得很

细致，亦因此，肯定不易通过入口，反而不加注释的《鲁迅诗集》却可以。后来把他那本稿子拿给广东人民出版社，书出版后，内地的专家以内地的观点，有嫌其不足，殊不知他是在香港环境写的。内地出版物当时规定中央级出版物可以出口，地方出版物却不能，广东人民出版社出版的，自然不能销香港了，因此香港读者，想买都买不到，我手上的一本还是朋友偷偷给我捎来的，其珍贵可以想到了。

叶灵凤也谈到过张向天的这本书，是在《读〈新绿集〉再笔》这篇文章中。《新绿集》是一九六一年在香港出版的一本六人合集，叶灵凤和张向天都位列其中。虽然张向天的一组文章并不涉及鲁迅，但叶灵凤在文中却独独点到他的《鲁迅旧诗笺注》，可见这本书也给叶灵凤留下了深刻印象。他说："在《新绿集》中，有向天先生的《读诗杂谈》，又有张千帆先生的《绿窗小札》之一：《鲁迅的旧体诗》。向天先生曾写过一部《鲁迅旧诗笺注》，现在张千帆先生在他的那篇小札里就引用了几次。

这不只是一种巧合，在我看来还特别有意思。”

张向天和张千帆对于鲁迅旧诗的注解，也引发叶灵凤回忆起鲁迅动笔写几首旧诗时当时的具体情状，这也构成《读〈新绿集〉再笔》这篇文章的主要内容。一般人似乎认为，叶灵凤年轻时就与鲁迅交恶，自然成了鲁迅的对立面，但事实上，他对鲁迅的尊敬和景仰超过了许多同时代的作家，同时，他还一再表示对于年轻时孟浪之举的歉意。《澳门日报》创始人李成俊《待旦集》里有一篇《叶灵凤和曹聚仁》，就记述了叶灵凤一次有意思的会议发言：

《鲁迅旧诗笺注》书影

好像是一九七二年的五月底，香港作家举行了

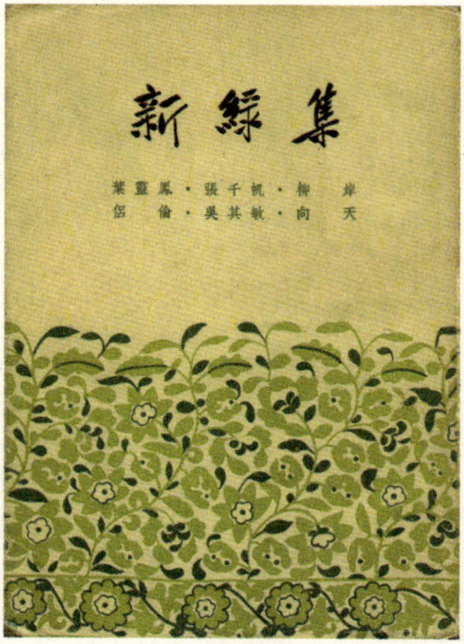

《新绿集》书影

纪念一位伟人有关文艺问题发表三十周年的座谈会。叶灵凤在会上说自己从事文艺工作数十年了，走了很多弯路，当年左翼作家联盟会在上海成立，自己坐在鲁迅的对面，依稀还记得鲁迅说过些什么话，但真正体会鲁迅有关文艺方向性问题的话，还是这几年的事。他反省自己进步得慢，表示要迎头赶上去。他的“自以为非”的态度，值得称道。

阮朗在《叶灵凤先生二三事》中就曾有这样一番感慨：

朋友们痛惜叶老的逝去，还在于他的胸怀，在

上海时期的叶灵凤

于随着天地的宽阔，他的视野能突破纠缠多年的白内障阻碍而同时宽阔。二十六年前初见叶老，以为他对二十年代、三十年代上海文坛激烈的笔战不愿再提，没料到他并不介意，在以后多次闲谈中，叶老认为：回想起来，鲁迅真是当年中国文坛的主帅，在上海租界里多面作战，太不容易，今天来看鲁迅作品仍然虎虎有生气，而他自己，“我太年轻，曾经画过一幅漫画，还记得画的是鲁迅躲在一个酒坛后面，意思不必问，当然是讽刺。当时我以为他真像有些人所毁谤他的说法那样，鲁迅颓废得只能用酗酒来逃避。可是事实说明，颓废者正是中伤鲁迅的那帮人哩！”

在香港，叶灵凤还参与许多纪念鲁迅、宣传鲁迅的活动。陈子善写过一篇《〈叶灵凤日记〉中的周氏兄弟》，直言：“《叶灵凤日记》中记鲁迅与鲁迅相关处之多，大大出乎我的想象。”这当中有一些就是操持或者参与纪念活动，例如一九五一年十月十七日：“后日为鲁迅逝世十五周年纪念，搜集材料为《星座》编一特刊”。而他为《文艺世纪》写的那篇《鲁迅先生在香港》，更值得一说。一九五七年十月，创刊不久的《文艺世纪》推出“鲁迅先生逝世廿一周年纪念特辑”。这是一期质量很高的策划，特辑作者星光耀眼，文章内容堪称上乘，分别是：知堂《鲁迅的文学修养》，欧阁（叶苗秀）译增田涉《心随东棹忆华年》，曹聚仁《鲁迅与旧文学》，曹聚仁《鲁迅年谱（五）》，李阳《鲁迅与青年》，袁仰安《鲁迅和电影》，蒲且《鲁迅作品在国外》，此外还有一系列以鲁迅为题材的美术作品，作者包括荒烟、罗工柳、徐焕荣、任逊、黄永玉等。许定铭在《跨年代的〈文艺世纪〉》一文中说：“这个纪念鲁迅的专辑，相信是当年港产杂志中水平最高而足可与内地一流文学刊物相比的。”

叶灵凤也加盟了这个特辑，他奉献的是一篇《鲁迅先生在香港》。他在这篇占据两个页面的文章中，重点考证了鲁迅三次来港、两次演讲的一些重要史实，并且分析了鲁迅其他一些有关香港的文章的背景与掌故。在鲁迅与香港研究方面，叶灵凤的这一篇，恐怕不是最早也是较早的。

阮朗在那篇《叶灵凤先生二三事》中还说：

> 相处既熟，朋友们老是笑他和鲁迅有一桩“未了公案”。叶老也总是和大家一起笑。有一年，叶老旅行内地回来，在餐桌上异常兴奋地说：“我和鲁迅那桩‘公案’已经了却了，我去‘鲁迅纪念馆’

看他，对他说，我来看你了，我也老了，我们之间的事情没什么了，你是对的。”

坐在“餐桌上”的人中，没准儿就有张向天。说来，叶灵凤他们一班香港的左派文人，有一个坚持多年的餐聚，叶灵凤管它叫作“蜻蜓吃尾巴，自吃自”。张向天虽不是核心人物，但也属于积极参加者。太多的列举是不必要的，只抄一九七三年一月十四日这天叶灵凤的日记，就可以感受到他们相聚时的氛围。

> 晚六时半偕中娴往湾仔道新美利坚参加聚餐，克臻偕往。此会已停顿月余了。罗、黄、严、源、张向天、周鼎皆在座，谈笑甚欢。

叶灵凤跟张向天，则不仅仅止于笑谈，他们还发起了一个有关鲁迅的行动。这事的提起可能是在一九七三年三月十五日那次聚会，当天的叶灵凤日记说：“《大公报》今日举行复刊廿五周年纪念酒会，在文华酒店，

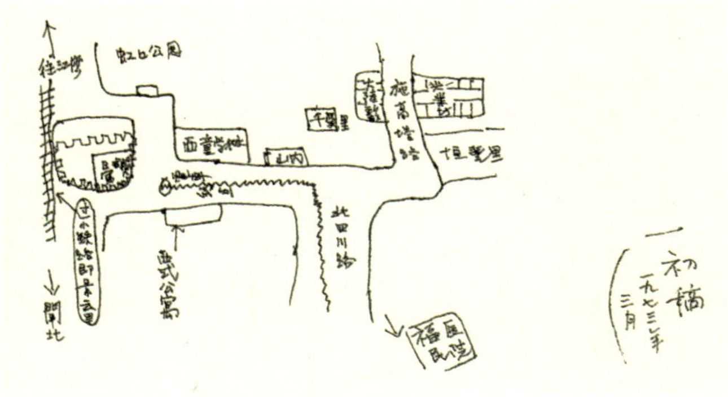

叶灵凤手绘“鲁迅在虹口寓所示意图”

下午五时由中敏夫婿耀洪来陪我前往。晤张向天、侣伦等，至七时始散，又同至‘红宝石’晚餐。”这个行动的内容则是在次日的日记中透露：“日前见张向天，他要求我绘一草图示鲁迅在虹口的各个住处。当奋力一试。”这个“奋力一试”，我在初读叶灵凤日记原件时就曾为之一震，一方面显示了叶灵凤对于这事的重视以及超强的仪式感，另一方面叶灵凤也确实已届风烛残年，就是画这样一张草图也十分费力了。

说干就干，一连几天，叶灵凤都沉浸于此事。三月

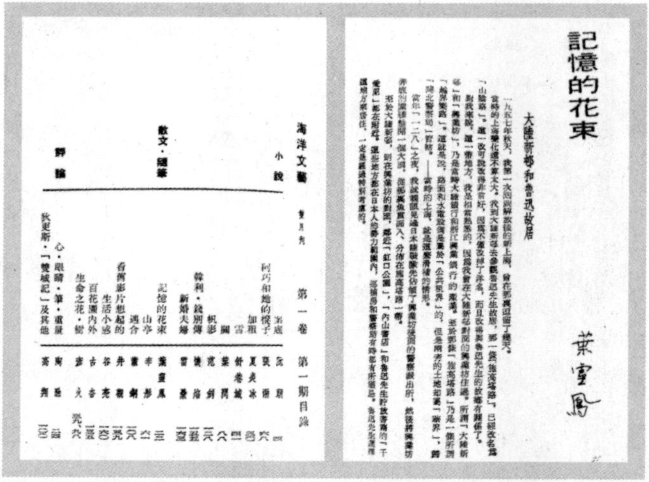
海洋文藝 第一卷 第一期目錄

小說

散文・隨筆

評論

記憶的花束

大陸新邨和魯迅故居

葉靈鳳

《海洋文艺》刊出的《记忆的花束》

十七日：“试作鲁迅晚年在上海虹口住所草图初稿，此种事现在能知道的已不多了。”三月十八日：“今日星期，在家休息，试作鲁迅晚年在虹口寓所示意图，共四处，大致不错。因我曾在‘大陆新邨’对面的兴业坊住过，所以对那些地方较清楚。”三月十九日：“又作‘内山书店’内部情形示意图一幅，表示当年鲁迅到内山店，多数坐在何处。此等情形，见过的人也不多了。”三月二十九日是交卷的日子，这天的日记说：“天晴，今晚在新美利坚聚餐，克臻陪往，张向天兄在座，因出所作鲁迅住所及内山书店图交彼，并略作解释。他大感兴趣。因今日弄得清楚那些情形的人，已不多了。”

叶灵凤的手绘图还在，其中“鲁迅在虹口寓所示意图”收录在《叶灵凤日记》的《别录》。这一次的绘图行动一定程度上促成了叶灵凤再次执笔写作的兴趣，次年三月，他为《海洋文艺》连续写了多篇《记忆的花束》，第一篇就是《大陆新邨和鲁迅故居》。他在一九七四年三月四日日记中说：“写一短文记一九五七年回上海参观鲁迅故居事，兼谈及大陆新邨，题即作《大陆新邨与鲁迅故居》。‘一二八’之役，我当时住在大陆新邨对面的兴业坊。写得很短，仅得六七百字，然而这是将近两年来的第一篇写作也！”只可惜他实在写不动了，要不然“记忆的花束”一定会成为一片灿烂的花海。

《国风》创刊号封面、封底

《国风》月刊与“红色会督”

叶灵凤在一九五〇年主编过一份月刊，叫作《国风》。叶氏一九五〇年十二月卅一日日记云：“主教何明华发起创办《国风》月刊，由我主编，第一期在十二月十五日出版。”

何明华是何许人呢？他本名Ronald Owen Hall，一八九五年七月二十二日出生于英国一个传统的基督教家庭，牛津大学毕业后，又进入古狄斯顿神学院学习，热衷参加基督教学生运动，曾两次来过中国，深受中国文化影响。一九三二年，他被任命为香港圣公会会督和华南教区主教，在处理教务的同时，还担负了大量社会救济工作。香港沦陷后，何明华在中国大后方积极投身抗战事业，其中最具代表性的活动就是积极推动“工合”

运动，在财力和物力方面给予陕甘宁边区以有力支持。毛泽东曾在一九三九年专门致函何明华，对于“你在帮助我们抗战上所取得的光辉成绩深表感佩”。何明华还通过英国国际广播电台，向全世界宣传中国共产党领导的八路军“代表了中国的勇气和力量”，也正因此，他被称为“红色会督”。

一九四五年香港光复之后，何明华随即返港，除了立即恢复因战争而中止的社会服务，还积极开创教育文化事业，提议创办《国风》月刊，怕也是其中的一环。据《陈君葆日记全集（卷三）》云，一九五〇年八月，由何明华提议出版《国风》，给予开办费一千五百元。叶灵凤、陈君葆、郑德坤、陈绍贞四人组成编辑会主其事。第一期的出版应该还是比较顺利的，根据叶灵凤一九五一年一月二十六日的日记，何明华会督还亲自送来《国风》第一期稿费。从第一期的内容形式，也颇能看出叶灵凤的精心经营。就形式来讲，封面是一幅图案缤纷的武梁祠画像拓片，封底则是两款精致的中国北方民间新剪纸，“国风”味道十足。就内容来说，也称得上丰富厚重，除了何明华会督的《创刊词》，计有：郑德坤《我们的文化》，马鉴《中国文化与佛教》，朴庵《王韬与理雅各》，郑筹伯《香港青年应有之道德理想》，冯友兰《“新理学”底自我检讨》，叶林丰《香港早年史》，全真《史蒂文逊诞生百年纪念》，藏园《莫斯科小学生的赛车活动》，以及侣伦的短篇创作《针》。文字之外，尚有图版，除了黄永玉的速写《香港风情》，还有《中国古镜鉴赏》、《史蒂文逊纪念图片》、《新国徽与天安门》以及《香港事迹》，看样子都是由叶灵凤选编。

青年时代的何明华
（何明华之子何基道牧师 Rev.Christopher Hall 藏）

叶灵凤日记曾说：“第二期要过了旧历年再说了。”但这个“再说”却有些难产，主要的原因，可能正是《陈君葆日记》援引郑德坤所言：“说起《国风》来，说许多人都指是人民政府资助的。”被视为“人民政府资助”，何明华“红色会督”的身份应该是一个因素，其他的同人，如主席陈君葆、执行编辑叶林丰、督印人张荣举、发行人彭绍贤，单从名字讲并不是太扎眼。也可能是其中《新国徽与天安门》的图版惹的祸，也未可知。彼时的香港，冷战加剧，左右对峙，左翼文化生存艰难，就如卢玮銮所说的那样：“往后却见筹措十分艰难，欲争取广告亦不易。”

一直到第一期出版将近半年之后，还在议决第二期的命运。一九五一年六月十一日，叶灵凤在日记中说：“精神不佳。下午三时，何明华召开《国风》出版会议，勉强去出席，议决续出第二期，赶在本月底出版，但将篇幅缩小，以求不亏本太多。”又过了半年，一九五一年十一月一日，又在日记里说：“往访陈君葆谈《国风》出版事。决定最近赶出一期，以后则另起计划使能自给自足，因目前香港取得一刊物的出版证非常困难，有现成的不利用，未免可惜。但若真的不能支持时则只好放弃。”同月三十日，日记又云：“晚与陈君葆在美利坚晚餐谈《国风》从新出版事。”所谓“从新出版”，似是重新考虑读者对象之定位，据《陈君葆日记》载，之前一天，他曾与黄绳“谈到《国风》的是否适中学生的需要”。黄绳即黄承燊，曾任香岛中学校长，与他探讨此事，则有改为面向中学生的打算。总之，《国风》很可能是只出一期便就此夭折了。

何明华的生涯之中，曾有饱受争议的一个“破天荒”之举，那就是在战时因按立全球圣公宗第一个女牧师李添嫒而与两任坎特伯雷大主教抗争。汤朴·威廉大主教指他此举破坏教会教规和先例，是越权行为。何明华回应：“依据教规，我的行为是越权，而在属灵方面，我知道我并没有。”就是这样一个强大无比的人，想在香港办一个刊物却是如此艰难。就此我们也可以了解那个时期香港政治文化生态之一斑。

九龙寨城附近的宋皇台

叶灵凤日记里的柳木下

叶灵凤一生不写诗，但跟很多诗人都是朋友，柳木下也是其中一个。也许是因为戴望舒或者夏果的关系，也许是因为都曾在上海生活或工作，也许是因为柳木下向他所编辑的《星岛日报·星座》投稿，也许是因为柳木下和他一样，都喜欢买书读书……无论如何，柳木下很多次出现在他的日记当中，虽然都是寥寥几笔，但柳木下的情状还是被生动地记载了下来，就中也展现了叶灵凤待人处事的仁厚之心。

柳木下第一次的出现，是在一九五一年二月二十三日："柳木下来谈，谈及纪德之死，想到自望舒死后，中国文坛对法兰西及欧洲现代诗文有精深广博研究者，也后继无人了。"第二次是在同年七月十九日："晚，柳木下来报馆见访，闲谈日本出版界，彼谓美国有一写自然史之作家，名‘赛东’，与法布尔齐名。我则从未知有此人，暇当一查。”据此可知，对于叶灵凤来说，柳木下算得上一个差强人意的谈伴。叶氏知道的，他也知道；叶氏不知道但感兴趣的，他也知道一二。柳木下不仅涉猎广，情商也是有的，晓得叶灵凤正痴迷自然史写作，便投其所好。既然引以为同志，就不再是被动应酬了，没过几天就给了他和黄永玉同样的礼遇，这是几天之后的二十五日：“晚柳木下来报馆见访。黄永玉夫妇又来，请彼等在美利坚消夜。”

柳木下较为广博的知识自然来自读书，他也不免像黄永玉一样到叶灵凤丰富的库藏中借光。一九五一年十二月十五日记：“柳木下来闲谈。借去日本新村出的选集一册，其中有关于《伊索寓言》中译本的文章，此书在明朝已有中译，初名《况义》，后名《意拾寓言》。”不仅向叶灵凤借书，甚至还托叶灵凤帮他找别人借书，叶灵凤也照办了，事见一九五一年十二月十七日：“上午偕柳木下往访君葆，因他拟向冯平山图书馆借日文书籍事。见前见的《喜咏轩丛书》已由他买下了。”叶灵凤在一九七〇年二月十七日日记中又提到《喜咏轩丛书》：“灯下翻阅《喜咏轩丛书》。过去曾极欲得此书，以价昂不能买，后苗子赠我甲编一函（全部共五函），自己又买得零本数种。我所欲得者不过其中画册，现已得其六七，余者已可有可无矣。这丛书是石印的，现在看来，有点俗气，古拙不足，可知近年的口味也变化了。”

一九五二年三月二十五日，叶灵凤还跨海去到九龙约唔柳木下，并和他一起到宋王台遗址访古，这次一起见的，还有叶氏的故友侣伦，很多年前，就是由他引领第一次到港的叶灵凤造访这个地方：

> 今日往九龙城，在国际茶室，约唔柳木下及侣伦。木下要买一部诗人里尔克的传记，给他在别发书店赊了一本，价二十五元。与侣伦等喝茶闲谈至六时。侣伦也苍老了许多。
>
> 六时与木下同往看宋王台遗迹。那一块大石仍在，三个字也依然，只是已落在平地上。其余则面

目全非。当年（一九二五前后）我曾在这里住过几个月，侣伦就是在这时认识的。真不胜沧桑之感。又往看侯王庙，旧庙已毁，这是战后新搭的一间小屋，就算作庙了。

到此为止，柳木下还是以正常形象出现的，但无论在什么地方，单纯靠写诗都是维持不了生活的，所以此后的日记中，向叶灵凤伸手借钱的事就频频出现了。一九五二年六月二十六日："《新中华》送来《达文西》等之稿费共九十二元，被柳木下中途借去三十元。近来颇窘，但他比我更穷也。"叶灵凤的"窘"并不是"为赋新词强说愁"，他要养活一大家子人，全靠日夜不息写稿挣得的一点点稿费，但他体谅柳木下"比我更穷"，一下子借出三分之一，还是很不容易的。记得三益书店老板萧安曾和藏书家方宽烈谈及叶灵凤，萧说叶的为人不错，香港沦陷时期，他才十三岁，跟随廿多岁的哥哥看店，叶灵凤每天经过，都进去搜购旧书，风雨不改。沦陷期间，生活十分困苦，有时没有好的书售给叶，叶会暗中询问萧安："小孩子，今天吃过东西没有"，顺手塞几块钱军票给萧安，让他买面包果腹。方宽烈说："从这点看来，叶又不是一个冷酷无情的人呢。"

叶灵凤也试图劝说柳木下有些改变，一九五二年七月四日记："柳木下来报馆，便中劝其勤于写作，因他近来生活甚窘也。"但柳木下显然痴心不改，九月八日又来借钱了："柳木下来，借去五元。他靠卖文为活，但又不肯执笔，而好预支稿费，曾屡次劝他勤力多写一点，则可不必拮据如此，总是癖性不改，亦一有趣人也。"这之后，有长达十五年的时间，柳木下没有出现在叶灵凤日记中，是叶灵凤不待见他了？是柳木下不好意思来了？恐怕都不是，这期间叶灵凤的日记常常整年整年地中断，失记的情况应该很多。到他再一次现身，已是一九六七年的三月十九日，这年柳木下已经五十三岁了，似乎仍旧过着神仙一样的生活，尽管没钱，书店还是照逛，这一次他就碰上叶灵凤的《香港方物志》出了新版本，赶快把这一消息告诉叶灵凤。这年的十二月十二日，"柳木下来拟借书，未成，略坐即走。前日已来过一次，因

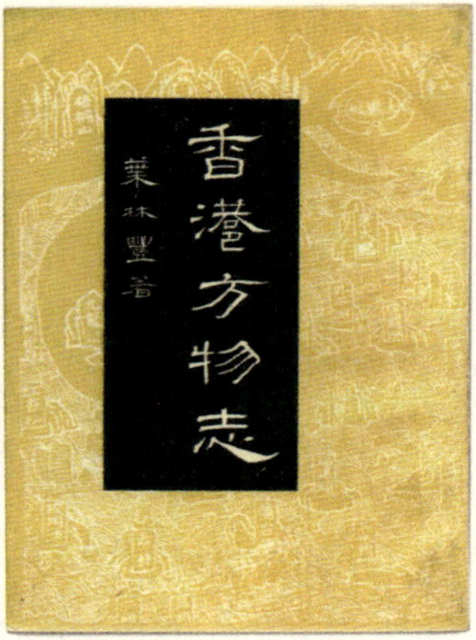

新版《香港方物志》书影

出外未遇。”拒绝借书给他，比较罕见，但这并不说明是要跟他划清界限了，事实上，叶灵凤还是很牵挂他的情状，一九六八年五月二十日就记了这么一节：

> 黄茅来电话，谓星期六在九龙城见到柳木下，神经病又复发，赤身蹲在街头向小贩们胡闹。他走近去，柳已不认识他，看来日内又将被送入青山病院了。

据《香港文学大系》的作者简介，柳木下一九四〇年秋天就患了精神病，先是被送入高街精神病院，同年还返回梅县乡下养病，但他的病却是时好时坏，一直没有根除。九龙城复发这次之后一个礼拜，柳木下来找叶灵凤了，五月二十七日的日记是这样写的：

柳木下来自言前数日神经混乱，夜间流浪街头，遭人殴打并抢去衣物，房东又拒绝他入屋（欠租太多），要他搬迁。现暂住旅馆，情形甚狼狈，因给他二十元又衬衣内衣、手帕、袜等。他表示要搬家，希望朋友给他筹钱，可是平时又绝不肯为自己生活工作，一味靠借。真是一个问题人物。

又过了十天，六月七日这天，柳木下又来故伎重演了，但这次叶灵凤拒绝再借钱给他："柳木下又来借钱。近日我自己也窘甚，未借。"罗隼在《罗隼短调》一书中有一篇《传言之叹》，也写到柳木下向朋友借钱，用了"朋友长贫难顾，他自己又不争气"这样的话，庶几能道出叶灵凤他们这班朋友的心境。至于叶灵凤说"自己也窘甚"，此言不虚，不是装穷。就在几天前，一个下雨之夜，叶灵凤在日记里写道："本月经济，仍处于入不敷出状态。有稿费未能依时收到，杂项支出又多，终月陷于拮据状态。”

不好再张口借钱，柳木下竟想出了一种文雅的生财之道，那就是让书。一九六九年三月八日记：“柳木下来以一册《拉封歹寓言》的中译本见让，他又说最近曾买到拉封歹的故事集英译本一册。”叶灵凤固然对寓言一类的书籍感兴趣，但他收下柳木下的书，未尝不是出于接济的意思。这种方式也让大家更为放松一些，两位老朋友聊书的场景，又自然回归到一种浑然忘我的境界了。

《世界著名作家散文选》书影

柳木下尽管穷困潦倒，却活得久，一直活到了香港回归。他最后一次在叶灵凤日记中出现，是叶灵凤去世的头一年，这一天是一九七四年一月十九日：

今日已是腊月二十七日，克臻忙于办年货，中娴已放年假，作昼寝，家中悄静，展阅《世界著名散文选集》，上海书局多年前出版，编者署名苗湘成，当系柳木下笔名，选入我所译的纪伯伦散文等两辑。当时鲁迅之名似乎在南洋被禁，书中厨川白村等译文，皆改为周豫才。柳译有《塞尔彭自然史》数则。

卢玮銮说："从未见柳木下署此笔名，如非叶氏在日记中记下，又埋没了。"我也是通过苗湘成这个笔名，淘来了这本老书。书的正确名称应为《世界著名作家散文选》，香港上海书局出版，署纪伯伦等著，苗湘成编选，厚厚的一册，没有前言，也没有后记。但在每篇文章之后，都有一则简短的"附记"，除了简述作者生平，偶尔的几句点评很见功力。叶灵凤的译作包括《〈啼笑集〉选》和《〈砂沫集〉选》，都是纪伯伦的作品。柳木下的则有法国狄拉曼《鸟雀为什么歌唱》，英国怀德《塞耳彭博物志》，英国何德逊《草原纪事》，德国赫塞《湖畔小品》。有人说柳木下是田园诗人，由他所选译的散文篇目，也可看出他的志趣。在赫塞《湖畔小品》中有这样几句话："我是微小的，但我并不因微小而烦恼，也没有想变的愿望。像向着太阳歌唱那样，即使被炙烧我也心平气静。"很像说出了柳木下自己的心声。这样一个有趣的灵魂，能与叶灵凤相遇，也算一种缘分吧。

叶灵凤连续写了几篇文章，一再表示对于《世界著名作家散文选》的喜欢，甚至用了"字字珠玑"这样的词汇。在《字字珠玑的名家散文选》中，他这样写道："如果是一部小说集，一部论文集，我不会说宁愿受人埋怨，也不肯放弃这机会的，而且也不会说读书乃是一种幸福的。可是这是一部散文小品集，又是选自那许多自古至今最擅长写这类作品的作家的，你随手翻开一处，只要读几行，你就会顿然觉得自己心里充实了许多。因为一点也不夸张的话，简直是字字珠玑。"这是对于柳木下选家眼光的赞许。《插图本的塞尔彭自然史》一文，则对柳氏的译笔给予了肯定："诗人柳木下也是同好者，他在前几年也试译过其中的一封信（这书是用书信体写成的），是讲燕子的，后来收在《世界名家散文选》（上海书局版）里，译得很仔细。不知怎样不曾继续译下去。也许是由于健康的关系吧（他最近因了精神不宁，已经入院疗养）？”另一篇《应译未译的几部书》，主要强调《塞尔彭自然史》的难译，以至于“至今还不曾有中文译本，实在是一件憾事”。他特别首肯柳木下的“节译”之功，特意指出，节译的这一封信“恰好译载在《世界著名作家散文选》里，是喜欢读自然小品的诗人柳木下所译”。

《欧洲作家散文选》书影

作为诗人，柳木下只出过一种诗集，那就是香港上海书局一九五七年十二月初版的《海天集》。他还用“娄木”的笔名编过一册《欧洲作家散文选》，系香港东亚书局出版，版权页上没有出版年月，从卷首《前言》的

《池塘里的故事》书影

写作时间推算，应该在一九五九年左右。这是“世界文学丛书”的一种，据柳木下在《前言》里说，这套丛书还有一种《传记文学》，推测也是由他编选。他还译述过一本少年儿童读物《池塘里的故事》，之前在网店见过，可惜失之交臂。

疯癫诗人柳木下

柳木下是香港新诗“启蒙期”的重要诗人。香港的白话文学产生较晚，新诗亦姗姗来迟。一九三三年十二月创刊的《红豆》，虽非专门诗刊，却是一个新诗的重要阵地。柳木下的诗亮相《红豆》，是在二卷二期，他以“暮霞”的名字发表了《壁画》和《破船》。赵稀方在《报刊香港：历史语境与文学场域》一书中对柳木下给予高度评价，称赞他“给《红豆》带来了更多的‘亮点’”。赵稀方说：“他的诗已经摆脱了那种‘花呀月呀’的抒情，而是力图以平易的意象和语言，传达自己的玄思。柳木下的诗，虽受西方诗乃至日本现代诗的影响，不过并不晦涩，而是向哲理的方向发展。他较为有名的一首诗，是《红豆》四卷一期上的《我・大衣》，这首诗被认为受到了冈田须磨子的《冰雨的春天》（《现代》一卷四期）一诗的影响。”

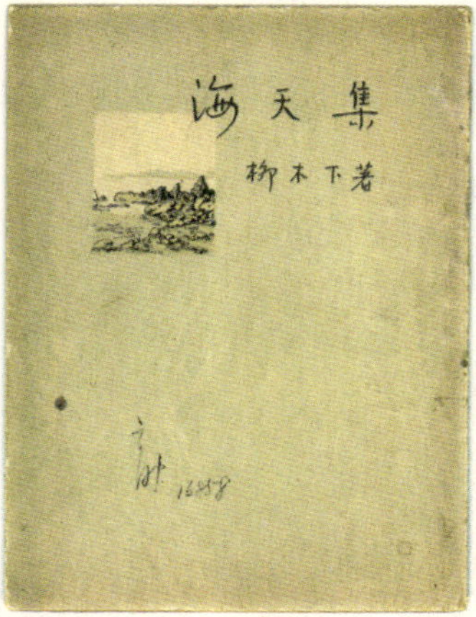

柳木下《海天集》书影

《我·大衣》收入柳木下诗集《海天集》时，标题改成了《大衣》。这里全文抄录下来，也让您感受一下他的风格：

天下雪呀，
街树和屋顶都披着皑皑的衣裳。

隔着一层玻璃，
我望着饰柜里的大衣，
大衣也望着我。

“没有体温你冷吗？”我说。

“没有大衣你冷吗？”大衣说。

我热爱着大衣，
大衣也热爱着我。

“大衣是为什么而制的？”我想。
“大衣是为什么而制的？”大衣想。

天下雪呀，
雪花飞来向我揶揄，
我走过去，走向北四川路桥。

大衣是为什么而制的？

《海天集》是柳木下一生唯一的一本诗集，香港上海书局一九五七年十二月初版，薄薄的一册，却非常雅致，淡青色封面上，是手写的书名和作者名，书名下是一小幅装饰画，水天一色，海阔潮平。我到手的一册是

柳木下像

李育中的旧藏，尽管花费不菲，但我认为柳木下值这个价钱。这本书下架之后，全网就再也没有了柳木下的痕迹。

李育中几乎与柳木下同时期在香港出道，甚至更早些。他在九十六岁的时候依然怀念柳木下，他说："我对他有过很大的期许，实在很爱他的诗。我觉得他很像那个俄罗斯大地的儿子叶赛宁，那个最后的田园诗人。我当时甚至想，把他的诗放在早年艾青诗的旁边，也不觉得怎么逊色。"

艾青也确实很早就关注过柳木下，在写于一九四一年的《抗战以来的中国新诗》中，他这样说："其他如胡明树、柳木下、李育中、陈残云、蒲风……都曾以各人心的感受，写出素朴的或是精炼的诗篇。”与柳木下同时被提到的另外几位诗人，也是彼时活跃于香港诗坛的。“素朴的或是精炼的”，虽然是对他们的共同评价，但也非常符合柳木下诗歌的特点。不只是艾青，陈子善先生还发现，闻一多编《现代诗抄》的时候，也将柳木下的《在最前列》和《贫困》选入。

香港文学评论家郑培凯也对柳木下高看一眼，把他的“田园牧歌式”诗歌与鸥外鸥“前卫试验派”诗歌相对照，认为柳木下与鸥外鸥是全面抗战至香港沦陷前这一时期最具代表性的两大诗人。他说：

> 柳木下在三十年代中的冒现，却令人耳目一新。他有几个特点：第一，他不是现代派的晦涩诗风，而以透明、清澈见称，但又不陷入张口见喉式的浅薄。第二，他的语言轻淡，有时白描直述，但在关键地方加入了暗喻、巧思，在不经意之处突然出乎读者意料地拉高诗歌的趣味，提高诗的咀嚼性。第三，他写爱情较含蓄，与其他二十年代后期香港诗

人的感伤性比较，层面较高，抒情而不感伤。

香港新文学拓荒者侣伦在《诗刊物和话剧团》一文中曾有一段精辟的“诗人论”：“一般地说，诗人从来是文人之中最穷的，在文艺作品也成为商品的社会，诗根本卖不到多少钱；一个人热衷于写诗，可以说是纯然基于兴趣和一股偏爱的热情——可以说是一股呆劲。”这个论断不一定特指柳木下，但绝对与柳木下有关。他与柳木下相识甚早，又长期在九龙比邻而居，可以说熟到了骨子里。在《向水屋笔语·艺坛俯拾录》中，他几次提到这位故交，侧重描述的却是诗人的孤僻性格和怪异举动：

> 诗人柳木下性情有点孤僻。由于单纯靠写诗维持不了生活，近年来已经转行做文化生意：他经常跑旧书店，搜购一些偏僻的书籍，然后找寻买主转卖给需要那些书的人。
>
> 尽管生意有青黄不接的时刻，可是他不缺乏生

活方法。有一次，他包裹着一对皮鞋去找一个写小说的朋友。他说这对皮鞋是崭新的他不需要穿着；与其货弃于地不如物尽其用；所以要求这朋友试穿一下，看是否适合。……

侣伦像

这朋友接受了“好意”，诗人的话还有下文：“这对皮鞋是英国货料子很好，我在上海的时候花了八十块钱买来，现在算作五十元好了；我上次欠你二十元的债，你此刻付我三十元就恰恰好啦！”

有些无赖，似乎又有几分可爱。类似的描述我不时地在香港文人的笔下遇见，因此一直对这个个性鲜明的诗人存有兴趣，直到在《香港文学大系》（一九一九一一九四九·新诗卷）中找到了他的生平简介。这个简介较为简单，似乎是根据方宽烈的《穷困落魄的诗人柳木下》一文整理而来，在那篇文章里，方宽烈是这样说的:

> 我发觉他在香港孑然一身，没有亲属，为了好奇，多次查询他的身世，可是脾气古怪的诗人，却隐隐约约的分几回透露。他说：原籍广东省兴宁，一九〇八年在家乡出生，老家务农，在梅县读完中学，到上海考入大夏大学，修文学系，兼习日文。一九三二年毕业，找不到适合的工作，曾当教师又不习惯拘束的生活，一九三五年返故乡小住，翌年到广州，抗战发生后往香港从事写作，一九三七年参加鸥外鸥、胡明树等的“少壮诗人会”，曾发表诗作在《诗群众》上面。其后来往港穗两地，直到日军侵犯广州，又匆匆逃港。一九四一年十二月八日，日本发动太平洋战争，香港沦陷，只有回到梅县。抗战胜利的时候，他满怀希望回到上海，可惜时局跟着又动荡，只结识了一些文艺中人。一九五〇年

决定到香港定居，卖文为活，可惜好景不长，文章无价，最后只有转行，替文友找寻参考书刊资料，以维生计。

关于他的生平，李育中的回忆也给出了一些细节：“我最初看到他的诗并认识其人，已是半个世纪以前的事了。那时他在香港华侨小学教书，是个从兴宁出来的年轻人。”“一九四〇年前后，他追随一些新朋友，好些还是上海撤退下来的，住进香港拉丁区的西环太白台，在那里散居着或聚居着，如戴望舒、徐迟、张光宇张振宇兄弟、鸥外鸥、穆时英、卜少夫等人。”“到香港沦陷时，听说他去过日本统治下的上海，在一家西药店做伙计。香港光复之后，他又旧地重来，靠少数认识的朋友，仍旧过着被人周济的生活。他靠笔杆维持不了最简单的生活，其他谋生的办法更少。精神状态既不好，而又有洁癖，不是什么文章都肯写的。”

对于他的“懒”，叶灵凤也是劝导过他的，并且乐意尽可能多地给他提供版面，按照方宽烈的说法，“星岛的稿费不错，生活过得去”。但他实在太爱惜笔墨，有一个事情可以作为例证。在夏果主编的《文艺世纪》创刊号上，只有一组新诗，就是柳木下的《龙眼树及其他》，包括四首：《龙眼树》、《在土地里》、《渡头》和《我的小女儿》。这四首诗都收进了他唯一的诗集《海天集》，从诗集中落款的写作时间看，后面三首分别作于一九三六年、一九三九年和一九四二年，都是旧作；《龙眼树》虽然注明是一九五七，但又说是“改作于香港”，由此也可见，《文艺世纪》的编者虽然给了他很高的礼遇，但他实在太懒，竟拿不出一首新鲜出炉的东西。

“不是什么文章都肯写”，就没有文章可卖；“有洁癖”，就不愿干别的营生，结果就是穷困潦倒。而一旦陷入穷境，尊严就被抛到脑后。早在一九三九年，他就写过一首《贫困》，似乎预示了自己的命运：

像显赫的人们佩戴着勋章，
像选手把标帜绣在襟上，

在人群中，
我带着我的贫困。

我昂然举步，
穿过市街，
走向海滨，
家无宿粮的海鸟在海上飞鸣。

这个“家无宿粮的海鸟”，终身未娶，孑然一身。方宽烈说：“柳木下曾向我透露一点身世，说父亲早逝，从小由母亲抚育长大，年青时乡中有一个对他不错的女友，可惜抗战时死去了。”柳木下有一首《一个少女》，很可能就是纪念自己的亡友：

风在林间奔驰，
墓园有一阵萧萧，
睡在这里的扁柏之阴，
有一个少女，

她曾从痛苦中崛起，
在搏斗中完成她的一生。

现在日色已暮，
柏树撒下它的长长的阴影，
愿她的灵魂安息，
而我的敬爱与怀念，
像是一束殷红的野花，
在她的墓前永不凋残。

方宽烈说：从这首诗，“可以了解他此后为什么过着独身的生活了”。独身生活是有些惨不忍睹的，他的居处是下级公寓里租来的一间暗不见天日丁方不足六尺的囚室，全部家当只有七个尼龙胶袋，六袋是书，一袋是衣物。后来，就连这些藏书也变卖完了，“只有每天到港九各旧书店搜罗，认为有价值而罕见的，先买下手，然后在黄昏晚上，分访友好作家、报社编辑，推介求售，每日劳碌奔波，所获亦只堪糊口而已。”卢玮銮（小思）

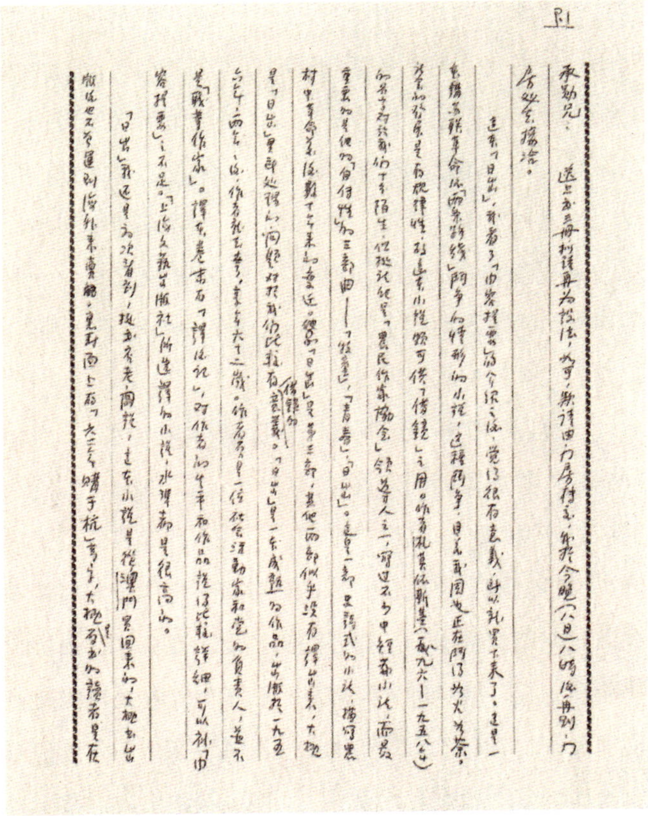

1

承勋兄：送上书三册，请再为设法，如可，再请田乃房付来，我于今晚（八日）八时后再到，乃房处会接洽。

这本「日出」，我看了「内容提要」介绍之后，觉得很有意义，所以就买下来了。这是一本描写苏联革命后「两条路线」斗争的情形的小说，这种斗争，目前我国也正在斗得火如荼，尤其是农村的发展是有规律性，而这本小说颇可供「借镜」之用。作者潘菲洛夫（一八九六——一九五八）的名字对我们并不陌生，他是苏联的「农民作家协会」领导人之一，写过不少中短篇小说，而最重要的是他的「自传性」的三部曲——「牧童」、「青春」、「日出」。这是一部史诗式的小说，描写农村中革命家经数十年来的变迁。听说「日出」是第三部，其他两部似乎没有译出来，大概是「日出」是部处理的问题对于我们比较有借鉴的意义。「日出」是一本成熟的作品，出版于一九五六年，而作者（一九五八年）去世时，享年六十二岁。作者不单是一位社会活动家和党的负责人，并不是「职业作家」。译者还写有「译后记」，对作者的生平和作品说得比较详细，可以补「内容提要」之不足。「上海文艺出版社」所选译的小说，水准都是很高的。

「日出」我还是初次看到，想出书者是开国后，这本小说是从澳门买回来的，大概出版后也不曾运到海外来卖的。书封面上有「六三年购于杭」字样，大概当书的读者是在

柳木下致罗孚（罗承勋）的“售书”函

曾经告诉李育中："柳木下生活很狼狈，常常挟几本中西书找老朋友，先是夸赞一番那几本书如何有价值，然后表示万分不得已愿意为老朋友而割爱。老朋友懂得他的来意，为了不让他失望，或多或少的把钱塞给他，把这可怜人打发走，甚至不要他的书。因为那些确实是好书，又或者真的是他的命根子。"《叶灵凤日记》别册附有一封柳木下给罗孚的信函，娟秀的小字写了一大篇，只是为了向他兜售一本《日出》。

一九四〇年秋天，柳木下曾因精神病被送入高街精神病院，并短暂回到梅县乡下疗养。以后的几十年，他的病时好时坏，一直没有根除。一九六八年五月二十日叶灵凤日记就记了这么一节："黄茅来电话，谓星期六在九龙城见到柳木下，神经病又复发，赤身蹲在街头向小贩们胡闹。他走近去，柳已不认识他，看来日内又将被送入青山病院了。"罗隼有一次碰上柳木下，见他形容憔悴许多。"他告诉我，说刚刚从医院出来，在佛教医院住了十多天，直至医生告诉他没有病了，他才离开。他说有一天在湾仔一处大排档饮了杯咖啡，饮完后不久

柳木下与鸥外鸥（中）和陈畸（右）

便昏迷过去，被人送进医院时只剩下单衣。身份证，书包，存折什么都不见了，连报馆给他的稿费的过户支票都无法提领。”

柳木下虽说疯疯癫癫，穷困潦倒，过着常人看来生不如死的日子，但他却是个重感情的人。侣伦曾说，“平时很少见到他，到某一个人开追悼会时，他总会来的。”即使再穷，他也保持着诗人的体面。卢玮銮（小思）就讲，一九八七年她邀请他出席“四十年代港穗文学活动”研讨会，他“穿着整齐”到会，与鸥外鸥、陈畸一众老文友聚旧。卢玮銮还讲：“有一次戴天在大会堂演讲，我当主持，半途他推门进来，我与戴天不约而同站起来欢迎他，并向听众介绍他。他坐下细听，完场时匆匆离去。”犁青主编的《香港新诗发展史》在柳木下条下说过这样一句话：“诗人暗示自己的贫困并不妨碍他自由地歌唱，也许正因为贫困才更自由地歌唱。”我觉得，不贫困，不疯癫，也就不是柳木下。疯癫诗人柳木下，将是一个无法抹去的形象。

叶灵凤与柳存仁

谢其章的新著取名《风雨谈》。这书名并不新鲜，他也知道。先是周作人写的书，后是柳雨生编的刊，都取了这名字。周作人因落水附逆在老虎桥蹲过大狱世人都晓得，柳雨生也因文化汉奸罪名 1945 年被南京国民政府判刑，知道的怕就不多。比较而言，柳存仁的名气怕是更响，许多人都说他是名震遐迩的国学家，就连董桥也概莫能外。董桥从来都尊称柳存仁为柳先生而不是柳教授，说他“学贯古今中外，人通天地百事”，“燕赵儿女的豪情他熟悉，杏花春雨的婉约他看惯，西洋文化里恪守本分的规矩他更掌握”，“他身上那几缕清芬最稀罕”。其实柳雨生正是柳存仁的前身。

谢其章对这些掌故清楚得很，偏要用这书名，倒不

《大成》杂志第一五九期封面

见得是对周作人、柳雨生心怀戚戚，猜测只是喜欢风雨谈这几个字的意境而已。我买这书，是预感到书里可能会提到叶灵凤，因为叶灵凤与柳雨生差不多同一时期到的香港，虽然中间有几年柳雨生离港北上为汪伪政府做事，并为此蹲了几年监狱，但出狱后旋又回到了香港，居停数年之后方才游学海外。同为南来之沪上文人，在港九那个巴掌大的地方，叶灵凤、柳雨生想不遇见也会很难。这一点我在读谢其章文章之前就已获得一些线索——前几年在香港中文大学参观叶灵凤所藏签名本特展，就曾见过一册有柳氏题签的赠书。可惜当时拍的书影搞丢了，印象中应该是一本《和风堂文集》。果然，谢其章在书中提到了叶灵凤。他说为给小文配图，找到一帧老照片，是一九五一年，柳存仁与叶灵凤、俞振飞等人在香港贾纳夫宅所摄。虽然照片并未收入书中，但我后来还是在《大成》杂志第一五九期找了来。照片中共有九人，前排左数第一人是柳存仁，坐在地板上侧脸欢笑。后排左数第一人则是叶灵凤，与喜气洋洋的总体气氛相比，坐在沙发一角的他有些郁郁寡欢。这让我想起叶灵凤一九五二年八月一日的日记：“今日为报馆创刊十四周年纪念日，晚间在英京酒家请客，到了许多流亡政客和文化人，我避坐角落上的一席，不想多招呼。”叶灵凤供职的报馆属于右派报纸，有些场合不得不参加，但内心还是觉着“甚无谓”。

种种迹象表明，叶灵凤与柳存仁应当属于泛泛之交，甚至与他的一些燕集，还颇有一些强拉硬拽的性质，这又可以从叶氏的日记中得到佐证。例如，一九五二年九月三日记：“晚间往报馆，在门口遇见贾讷夫，被拉住与柳存仁等一同到国际饭店喝酒。十一时半始回报馆。”九月二十四日记：“晚间在报馆被同事嬲着要请宵夜，同至国际餐厅喝啤酒，有柳存仁等，一共吃去了二十八元。”柳存仁很像是同事喊来的不速之客，而且这个同事，猜测还是贾讷夫。这一场宵夜，用去叶灵凤不少银两倒在其次，损失更大的，是耽误了写稿，这一晚是少有的没有写稿的一天。最为关键的怕还是话不投机半句多，叶灵凤用的那一个“嬲”字，其被迫无奈之情跃然纸上。

至于贾讷夫，他是叶灵凤供职《星岛日报》时的同事，做到了主笔的位置。叶灵凤与他，公余私交也不频密。见于日记记载的，尚有这么两次：第一次是一九五一年二月十日，“贾讷夫准备胡氏小史，携来商酌字句”。胡氏是指胡好，是南洋富商“万金油大王”胡文虎的第三子，一九一九年出生于缅甸首都仰光，后奉父命到香港筹办《星岛日报》，并亲自担任社长。叶灵凤则长期在《星岛日报》编副刊，直到退休。贾讷夫准备胡氏小史，是因为胡好因飞机失事身亡，年仅三十一岁。第二次是一九五二年的八月二十二日，“今晚报馆的贾讷夫换了一部新汽车，同往浅水湾喝啤酒。乘便问他昨日所听到的事，他也说根本没有”。所谓“昨日所听到的事”，是指此前曹聚仁故弄玄虚地向他透露，近来外间有人钻

《大成》杂志第一五九期刊载的叶灵凤与柳存仁、贾讷夫等留影

营想取代他编《星座》。

说来好玩，与周作人、柳雨生相似，叶灵凤也是汉奸文人的帽子一顶许多年。但即使在他未摘帽时，内地也没把他当外人。李宗仁回归那年，香港新闻界获邀进京观礼的只有两人，叶灵凤就是其中一个。去年秋天在香港有幸看到叶先生专为这次内地之行记的一组日记，访书会友，品茗观剧，忙得不亦乐乎，也兴奋得不亦乐乎。这与他在香港平日里的郁郁寡欢形成了鲜明对比。

跟着灵凤游上海

四马路书店街旧景

四马路

每次走在福州路上，总会产生一个幻觉：那位胁下夹着一本西书劈面走来的翩翩公子，会不会是叶灵凤？听起来有些走火入魔，但要放在一九三七年之前，就不是什么痴人说梦了。叶灵凤在长篇小说《未完的忏悔录》开头便写：“一个九月深秋的下午，我在南京路外滩相近，别发西书店里消磨了两小时以上的光阴，终于挟了一大包书满载而归的时候，才走下书店的阶沿，就被人劈面用这两句话将我拦住：……我知道先生是爱买书的人，所以才想到在这里相候。虽然已经空等了四个整天的下午，但是终于给我等着了。”说这话的是香港的富家子弟韩斐君，他因了失去做过舞女的妻子陈艳珠而病入膏肓，急着要找叶灵凤倾诉一番。其实韩斐君对叶灵

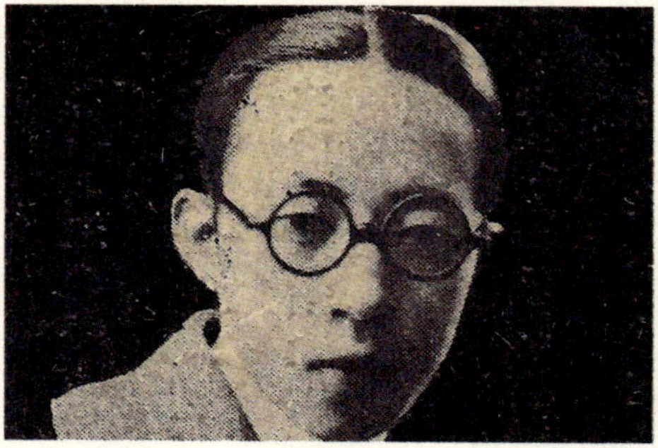

上海时期的叶灵凤

凤的行踪还是不甚熟悉，要是去四马路书店街，哪里用得了四个整天的下午。

四马路就是现在的福州路。早在上海开埠之前，福州路便是四条通往外滩的土路之一，四马路的名称或许就是来源于此。其实四马路最初的官名是布道街，因为这里作了英国传教士麦都思讲经布道的场所。据说，后来之所以改名为福州路，源于一桩风流韵事。当时的工部局五董事之一马太提由英国乘船来华时，曾在福州码头邂逅一位风情万种的女子，终于抱得美人归之后，他竟提议以其美妾的出生地作为延展后的布道街的路名。

四马路在地理位置上东起外滩，也是海派文化的源头之一。一八四三年，麦都思在这里创办了中国第一个西洋出版机构墨海书馆，当时此地还是一片田垅河渠，麦都思为了安营扎寨，便在周边圈地造屋，由此也留下一个麦家圈的地名。那年月还没有电力，笨重的轮转印刷机要靠牛拉，所以又留下这样一首竹枝词：“车翻墨海转轮圆，百种奇编宇内传。忙煞老牛浑未解，不耕禾垄耕书田。”也许是墨海书馆的带动，四马路上的文化行业迅速发展，一时间，不仅大小书报馆云集，更成为有名的书店街，鼎盛时期，总共拥有大大小小的书肆三百余处。

叶灵凤不光是作家，也是编辑出版家，日常出入四马路该是家常便饭，但他作为沪上小有名气的藏书家，更多的是来光顾各家书店，按照他自己的说法，“这一条马路上的每一家书店，以及店门前的每一块砖石，差不多都给我踏遍了”，“我就是闭了眼睛也可以走，用手摸一摸那门面，不用眼睛看也可以知道是哪一家书店的”。一九三七年，叶灵凤远走香港，上海成了难以回去的前尘梦影，但他的书店街之忆，似乎始终未曾消歇，二十年后再回上海，“第一件心急的事情就是去逛四马路”。叶灵凤还想如当年那样闭着眼睛走，可是他却迷路了，“完全忘记了时间已经隔了二十年，而且是天翻地覆的二十年”。“在这二十年中间，上海受过战争的洗礼，受过地狱生活的洗礼，现在脱胎换骨，翻了一个大身，已经是一个崭新的上海。这一条四马路早已不是我心目中的从前的四马路了”。

我此番到上海小住，首站选的就是四马路。叶灵凤在《书店街之忆》中说：“新华书店在哪里？古籍书店在哪里？还有，专卖美术图籍和外文的那些专业书店在哪里？摊开我心上的那一幅上海地图来寻找，早已模糊一片，我已经完全迷了路，什么也找不到了。”而我，逐一地都替他找到了。

四马路上的新华书店就是上海书城了。我那天在浦东入住停当，就急急搭地铁赶往四马路，但我犯了一个错误，不该把上海书城作为第一站。大而无料不算，还耽误了宝贵的时间，等我一无所获地从书城出来，扑向对面四二四号的艺术书坊，却悻悻地发现它已打烊，隔着窗子望着那一排排的画册，只能平添几分遗憾和懊恼。好在旁边的三九〇号还有一间外文书店，那一座红砖结构的旧楼很民国，门楣上方的四尊雕塑很洋派，进得门来，一应布局更有腔调。时间只剩了半小时，楼下不遑多看，就直奔了三楼，成架成排的进口艺术画册也是乱花迷眼，匆忙间只选了一册 *First Impressions*，是十九世纪美国版画大师的选集，二〇一〇年伦敦的 Giles 出版社初版。七十三幅作品，大多是铜版画，有风景，有人物，风景是那么美，人物是那么静。当中最喜欢的是 Benjamin Lander 作于一八八六年的 *On the Bay*，在一个草木茂盛的湾畔，站立着两个戴草帽的男童和一个不戴草帽的女童，当中的一个男童正单膝跪地，用一根树枝打捞漂在水面的一顶草帽。读着这画，

First Impressions 书影

兀自想起余光中诗里九岁的江南：“走过柳堤，那许多的表妹 / 就那么任伊老了”。

好不容易熬到周六，午后稍事休息，便又重返四马路，以完成上次的未竟之旅。一开始就有好兆头，从八号地铁出来，刚走到四马路不久，就碰上一个不俗的书摊，看摊的是一位清秀的姑娘，书摊上的书似乎比看摊的姑娘还要清秀，那些装帧漂亮的海豚精装，一堆一堆的，一律五折出售。有一本刘克襄的《岭南本草新录》，以前没见过，对折之后不足八元。刘克襄是我比较关注的台湾作家，自幼热爱自然，长大后更致力书写自然，这本小书既云“岭南”，笔下的花木当会扩及香港，而这也正是叶灵凤的深爱。灵凤先生自二十世纪五十年代开始即立志研究香港的草木虫鱼，除了广搜中外资料，也常常行山下野，为的就是遍识草木之名。先生也真心喜欢花木，不仅小园里植有桃木，有时也会买来些时令的花卉装点书室，他那句“瓶中碧桃怒放，盆中水仙亦盛开，满室春意盎然”，真的有如一阵春风。

路上又遇见一家淘书公社，号称有四万图书任你挑选，但我惦着的是那家艺术书坊，竟然过其门而不入。然而艺术书坊虽则插架琳琅，终归没有我的喜爱。仰望着那些奇大无比的画册，油然生出一番感想：原来我和灵凤先生一样，喜欢的更是那些书籍装帧插绘一类，所谓的“文学性的美术”。其实，鲁迅先生又何尝不是如此？聊可安慰的是，这爱好不一会儿就在古籍书店里得到了满足。上海古籍书店在马路对面，门牌号是四〇一，说是古籍书店，底层卖的大抵是新书，不过这些新书档次比上海书城那边不知要高出多少倍。二层是历史方志版本目录之类，那种厚实宁静的氛围使我想起香港油麻地的中华书局。盘桓一会儿之后，听店员说三楼还有特价书店，立刻充满激情地援梯而上，结果是收获了一个钵满盆盈。

首先收入囊中的是两本画册。其一，是广西美术出版社二〇〇九年初版的《德国黑白木刻》。德国画家的个人专集我有一些，全景式的国家选集此前只买过一册袖珍本，这一本规模大了许多，共计收入九十八位画家，二百五十幅作品，其中，鲁迅和叶灵凤都极推崇的珂勒惠支一人就占了十七幅，总体观之，德国木刻那种“捏刀向木，放刀直干”的风格体现得淋漓尽致。其二，是天津人民美术出版社二〇〇〇年初版的《英国素描经典》，这一本同样把鲁迅和叶灵凤共同痴迷的比亚兹莱放在了开篇，编者刘天呈在《大器晚成的英国绘画》一文中对比亚兹莱的评价也颇深刻到位，遗憾的是，整部画册好像都是用了复印件制版的，留白处一片灰蒙，黑白之趣荡然无存。

《永久的女性》书影

张泽贤是沪上有名的民国版本收藏家，他的几种著述这里也都有售，其中的《中国现代文学小说版本闻见录》收录了叶灵凤小说《永久的女性》的书影，这还是我首次见到。书中摘录的叶先生一九三六年六月所写的题记透露，小说在《小晨报》连载了四个月，每天都由丁聪作插绘，出书时却因了印刷的关系，只得割爱，另烦他画了一张封面。这个掌故我也是第一次听到，日后当留心一下丁聪作品集里是否找得到这些珍贵的插图。张泽贤对叶灵凤的美术成绩历来多有肯定，他在收入《书之五叶》的文章《不要忘记叶灵凤》中指出："正因为他有着一定的绘画基础，故在书籍的封面设计方面也作过不少的尝试，虽然精品不多，但在民国版本书籍的封面设计中闪现过几点'光亮'。"可他列举的灵凤的设计作品显然很不完全，就在对面架上，有一本上海书店依民国原版影印的潘汉年小说《离婚》，设计者就是叶灵凤。这是叶灵凤和潘汉年共同主编的幻洲丛书的一种，挚友要出新书，叶灵凤自然要下些功夫，所以不只设计了封面，环衬和扉页亦极用心，颇有几分《亚瑟王之死》时期比亚兹莱装饰画的韵味。这书虽然我早有藏，但看到仅只八元的定价，还是又买了一本，而所有这一堆，总共也才花了八十多元。

上海旧景

北四川路

从叶灵凤写的《旧书店》一文，第一次听到了北四川路。文章写道："上海的旧西书店，以前时常可以便宜的价格买到好书，但是近年好像价格提高了，生意不好，好书也不多见了。外滩沙逊房子里的一家，和愚园路的一家一样，是近于所谓的古书店，主人太识货了，略微值得买的书，价钱总是标得使你见了不愉快。卡德路的民九社，以前还有些好书，可是近来价钱也贵得吓人了，而且又因为只看书的外观的缘故，于是一册装订略为精致的普及版书，有时价钱竟标的比原价还贵。可爱的是北四川路的添福记，时常喝醉酒的老板正和他店里的书一样，有时是垃圾堆，有时却也能掘出宝藏。最使我不能忘记的，是在三年之前，他将一册巴黎版的乔

叶灵凤装饰画

伊斯的《优力栖斯》，和一册只合藏在枕函中的《香园》，看了是纸面毛边，竟当作是普通书，用了使人不能相信的一块四毛钱的贱价卖给了我，如果他那时知道《优力栖斯》的定价是美金十元而且还无从买得，《香园》的定价更是一百法郎以上，他真要懊丧得烂醉三天了。”

灵凤先生写的是二十世纪三十年代的事情，如今，不光北四川路改成了四川北路，添福记这样好玩的旧书店也早就没了踪影，但北四川路，尤其是北四川路底，还是有得一逛。北四川路据说属于“越界筑路”，光绪三十年（一九〇四年）的时候，租界当局非法越过老靶子路向北延伸筑路至虹口公园一带，使之成为一条南北贯通的交通干道。因与苏州河南岸的四川路相连，遂名为北四川路。民国年间，北四川路“华洋杂处、五方会聚”，繁荣程度仅次于南京路和霞飞路。二十世纪三十年代初，以鲁迅为代表的许多左翼文人都在这里赁屋而居，也带动了左派社团书店刊物纷纷安营设点，这当中，就包括了著名的内山书店、叶灵凤参与的创造社出版部、后来成为叶灵凤朋友的戴望舒、施蛰存、杜衡、刘呐鸥他们创办的水沫书店等。而我尤为感兴趣的，是叶灵凤也曾在北四川路底的施高塔路度过了好几年的光阴。

我是在虹口体育场下的地铁，长长的四川北路正是在这里到了底，这时我才形象地体会到为什么叶灵凤他们那代文人总爱说“北四川路底”。虹口体育场与鲁迅公园紧密相连，周日晴好的上午游人如织，我的目的则只有一个，参观位于公园东南隅的鲁迅纪念馆。与北京鲁迅博物馆的四合院格局相比，这里的黑瓦白墙建筑更有几分鲁迅故乡的味道。鲁迅的生平事迹已经非常熟悉了，所以只是在展厅草草走过，把时间全留给了底层

《苏联版画集》书影

大堂的书店。书店是开放式格局，贴墙一字排开几个书架，书不算多，但也淘到了在一般地方并不易得的旧物。最值得一记的是鲁迅自费印行的《死魂灵一百图》。鲁迅一直崇尚“左图右史”，有时甚至看重插图超过了文学作品本身。他曾说：“欢迎插图是一向如此的，记得十九世纪末，绘图的《聊斋志异》出版，许多人都买来看，非常高兴的。而且有些孩子，还因为图画，才去看文章，所以我以为插图不但有趣，且亦有益；不过出版家因为成本贵，不大赞成，所以近来很少插画本。”还在翻译果戈里《死魂灵》的时候，鲁迅就四处写信商借插图。一九三五年秋末，孟十还忽然在上海的旧书店里看到了有百幅插图的《死魂灵》画集，“便像孩子望见了糖果似的，立刻奔走呼号，总算弄到手里了，是一八九三年印的第四版”，由俄罗斯画家阿庚作画，塔尔纳尔特斯基镌刻。一九三六年鲁迅以三闲书屋名义自费翻印，依据的就是这个底本。从孔夫子旧书网得知，此书一九三六年的一版一印已经炒到了三万，我这本只要一百，当然不是真品，但里里外外与原书没有任何差异，也根本找不到任何翻印信息，再过几十年，一准可以鱼目混珠了。

不只是偏爱《死魂灵》的插图，鲁迅对所有的苏俄版画都情有独钟。他曾托在苏联研读文学的青年翻译家曹靖华，用中国宣纸换来许多精美的苏联版画原拓，他编印的《引玉集》就是利用了这些藏品。此外，他还选编出版过《新俄画选》和《苏联版画集》，举办过“苏联版画展览会”，其中《苏联版画集》是他生前选编的最后一本版画集。在画集的印

《苏联版画集》书名页

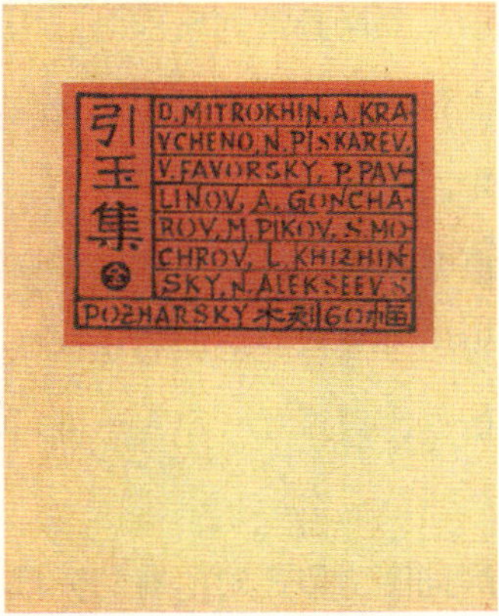

《引玉集》书影

刷过程中，鲁迅的病情已经开始恶化，“缠绵月余，什么事情也不能做了，写序之期早到，我却连拿一张纸的力量也没有”，但他“发热中也有时记起了版画”，最后要许广平笔录，口述完成了序言的后半部分。内山完造是受了鲁迅的影响而爱上版画并投入版画推广事业的，他也看出了鲁迅对于俄国版画的私衷，他曾说：鲁迅搜集德国和俄国版画最多，“对德国版画那种极为粗犷的，并且是脚踏实地的准确性，对俄国版画纤细的、优美的线条，不晓得先生是有意还是偶然表现了对两者的无比喜爱”。我素来也喜欢俄国版画，前后也购置过几种选集，这天在书架上看见一册《苏联黑白木刻》，也就毫不犹豫地收下了。书是广西美术出版社二〇一〇年的一版一刷，收图两百三十七幅，方形十六开本，仅售三十八元。

叶灵凤曾说：“我和鲁迅之间，说来古怪，这是他人所不易看出的，好像有一点冲突，同时又有一点契合。我有一个弱点，喜欢买一点有插图的书和画集放在家里看看，这弱点，他老先生好像也有。”“本来，在鲁迅先生提倡木刻的时候，我也在‘热衷木刻’。”不过，除了在《六艺》第二期组织了两页“苏联版画特辑”，并翻译了一篇苏联作家写的《苏联的版画艺术》，叶灵凤似乎没有对俄国版画作出过直接评价，个中原因，恐怕真像他所说的，“一看冤家路狭，又碰在一起”，只好“割地求和”。但叶灵凤对于苏俄文学无疑是很欣赏的，早年他就翻译过一本《新俄短篇小说集》，战时翻译过巴甫连柯的《红翼东飞》，晚年还译过高尔基日记，对果戈里、契诃夫、屠

《新俄画选》书影

鲁迅收藏的苏联版画高尔基《母亲》插图
阿列克谢耶夫木刻，上海鲁迅纪念馆藏

格涅夫、托尔斯泰、肖洛霍夫等苏俄作家，也都写过专文介绍，并且直言："苏联文艺界是我们文艺运动的有力的友军"，"苏联作家们在文艺建设上早已产生了许多无可比拟的更光辉的杰作"。那本一九二八年出版的《新俄短篇小说集》，封面画和里面的衬纸图案，都是叶灵凤本人的"大作"，"镰刀斧头"的元素，实在是太苏联了。我在想，若是拖后几年再出这书，没准他也会选几幅苏联版画当作插图。有趣的是，尽管在木刻话题上叶灵凤刻意向鲁迅"割地求和"，但也有被动撞车的时候，这便是他和鲁迅、郁达夫、赵家璧联袂为麦绥莱勒的四本木刻连环故事作序。叶灵凤调侃，鲁迅在为其中《一个人的受难》作序时，大约想不到他是这套原版书的"物主"，并且分润到了一篇《光明的追求》的序文。这套书我已有山东画报和湖南美术的两种翻印本，这次又见到上海鲁迅纪念馆监制的一种新的版本，四本画册完全依上海良友图书公司初版的原样复制，外边有一书盒，盒子上印着"版画功臣"四个大字，下面一行小字是："纪念赵家璧先生诞辰一百周年。"

鲁迅与内山完造（右）

施高塔路

从鲁迅公园出来，往东越过甜爱路，就来到了山阴路，二十世纪三十年代上半叶，叶灵凤和鲁迅都曾在这里居住。

山阴路原名施高塔路（Scott Road）。叶灵凤曾说：“至于那条‘施高塔路’乃是一条所谓‘越界筑路’。这就是说，路面和水电设备是属于‘公共租界’的，但是两旁的土地却属‘华界’，归‘闸北警察局’管辖。——当时的上海，就是这么滑稽的情形。”一百年前，这里还是宝山县的乡间农田，随着四川路的越界北延，两侧陆续繁衍出许多支路，施高塔路就是其中的一条。虽然长不过五六百米，宽不过十米，却是夹道梧桐，浓荫蔽日，道路两侧的花园洋房和新式里弄，在当时可谓领风

谢澹如像

气之先。一九四三年，汪精卫政府接收租界时，将施高塔路更名为山阴路。叶灵凤说：“这一改可说改得非常好，因为不仅改掉了洋名，而且改得与鲁迅先生的故乡有关系了。”

去世一年多前，叶灵凤写下了最后一组“记忆的花束”，这花束里，就有施高塔路：“对我来说，这一带地方，我是相当熟悉的，因为我曾在大陆新邨对面的兴业坊住过。所谓‘大陆新邨’和‘兴业坊’，乃是当时大陆银行和浙江兴业银行的产业。”叶灵凤的姐夫周尚也记述过叶灵凤在兴业坊居住时的情形：“一九二八年《幻洲》被禁，改出《戈壁》，旋也被迫停刊。翌年二月七日，创造社被贴上封条，灵凤被捕。保释后，与华姊同住施高塔路兴业坊。一九三七年，一场民族生死存亡的抗战开始，姊弟两家避难迁居亨利路亨利村。”由此可见，叶灵凤在施高塔路兴业坊居住的时间，总有七八年之久。至于施高塔路被入侵日军打破宁静，叶灵凤也有忆及：“当年‘一·二八’之夜，我就亲眼见过日本陆战队先占领了兴业坊后面的警察派出所，然后将兴业坊弄底的围墙凿开一个大洞，从那里鱼贯而入，分布在施高塔路一带。”

拐到山阴路的那一刻，我就喜欢上了这条宁静的小街，当年的各式洋房一仍其旧，今天看来都不显得过时。更准确地说，如今的上海，已经难以寻到这样一条闹中取静、慵懒舒适而又古意浓厚的街弄。走到半程左右，就在道路东侧看见一组白灰色水门汀建造的三层洋房，弄口过街楼上赫然镌刻着三个黑色繁体字：“兴业坊”。我不知道叶先生当年寓所的具体牌号，但在楼下凝视片刻，内心已经非常满足。兴业坊的马路对面就是大陆新邨，是一组砖木结构，红砖红瓦的三层楼房。鲁迅当年居住的是九号，如今是山阴路一三二弄。一九五七年秋天，叶灵凤第一次回到解放后的新上海，曾专程到大陆新邨参观鲁迅故居，那时候，“故居的一侧已经另租了一间作为纪念馆和办事处。这是新辟的，并非鲁迅先生当年曾租用的两间。”听工作人员说，这新辟的一间，本是谢澹如的房产，解放后他担任了鲁迅纪念馆第一任副馆长，这处房产也拿来作了鲁迅故居的售票处。

谢澹如也是叶灵凤在上海时的老朋友，那年叶先生回上海参观鲁迅纪念馆，就是由谢澹如陪同。叶灵凤曾写过一篇《爱书家谢澹如》，文中说：“谢澹如家中富有，在南市有自己的房屋，四壁图书，人又生得文静，戴了一副金丝眼镜，俨然是一位‘浊世佳公子’。”“谢澹如是一位爱书家。自从有新文艺出版物以来，不论是刊物或单行本，他必定每一种买两册，一册随手读阅，一册则收藏起来不动。这当然很花钱，可是当时他恰巧有这一份财力。他又喜欢买西书，不论新旧都买，尤其喜欢买旧的，因此当时上海旧书店中人，没有一个不认识他的。”“在当时上海那几家专售外国旧书的书店里，若是架上有一本好书被人买了去，那不用问，不归于杨，即归于墨，不是他买了去，就一定是我买了去。”“我们的交情就是这样订下来的。”

关于那次回沪与老友在大陆新邨相见的情形，叶灵凤描写得非常生动：“澹如在解放后任上海鲁迅纪念馆馆长。一九五七年我经过上海，特地到大陆新邨去找他。大家本是年轻时代的朋友，曾经朝夕相见，这时一别二十年，一见了面，岁月无情，彼此都改变了，几乎认不出，但是细看了一眼，随即相对哈哈大笑，喜出望外，想不到仍有机会可以见面。当时澹如的身体很不好，说患着很严重的胃病，因此后来参观鲁迅故居，要楼上楼下地跑一阵，为了不想辛苦他，特地辞谢了他的陪伴。”我这次去大陆新邨，首先踏进的也是谢澹如先生的那间旧屋，买了门票，工作人员说正好到了参观时间，一位女孩就把鲁迅故居的门打开，楼上楼下地为我一人讲解。这里是鲁迅在虹口的第三个居所，也是最后一个，二楼南间鲁迅卧室里的旧日历和小闹钟，都停留在他逝世的那个时间。

想想也真是“冤家路狭”，叶灵凤与鲁迅这一对“冤家”，偏偏做了对门的芳邻。出来进去的，总会避免不了不期而遇。也曾在施高塔路住过的创造社元老陶晶孙就曾说："秋天高，空气透明，木犀花香偶然闻着，卖菊花者挑担在马路上，令我们觉得又一个秋天来了，在这时期住在一条马路怎么不能碰到鲁迅先生。"又说："我同他住在一条路上，看见他的时候，常同他点头。"叶灵凤则是连头都不点的，他曾说过："我与鲁迅翻

景云里 18 号鲁迅故居

脸极早，因此从未通过信。也从未交谈过。左联开会时只是对坐互相观望而已。在内山书店也时常相见，但从不招呼。"这当然是因为他和鲁迅打了太多的笔墨官司，而陶晶孙就不同了，他并没有直接参加创造社与鲁迅的论战。之所以与鲁迅也只停留在"点头"之交，一方面有个人性格的因素，主要的恐怕也是门户之宥，譬如他

说：“鲁迅与创造社讥骂，我像小丫头般在角子里看风声，不一刻，东家又要好了，小丫头看见鲁迅坐在内山书店，不好意思地溜出去了。”

叶灵凤晚年也反复表达了对鲁迅的尊敬之意，他那次挤出宝贵时间重返施高塔路，主要目的即是瞻仰鲁迅故居，而不是到自己的兴业坊旧梦重温。一九七三年，香港的鲁迅研究专家张向天要求他绘一草图，示意鲁迅在虹口的各个住处，他表示“当奋力一试”，并且不顾严重的目疾，当即就把示意图画了出来。在去世前一年，他又连续写了《大陆新邨与鲁迅故居》和《景云里》两篇回忆文字，他说：“自患目疾以来，未在新晚发表稿件已逾两年，今日重行开始，有许多喜悦和感慨。”这也是他留给世人的最后一组文字。

内山书店外景

内山书店

内山书店是日本友人内山完造在上海开设的，从一九一七年设立到一九四七年关闭，整整经营了三十年。鲁迅于一九二七年十月定居上海，八日上午从共和旅店移入景云里寓，下午就往内山书店买书四本，此后十年，一直到逝世那天，始终与内山书店相伴，他和内山完造，也结成了患难与共、终生不渝的友谊。内山书店最初的地址，是在北四川路横滨桥的魏盛里，一九二九年迁至北四川路的施高塔路。鲁迅在上海期间，居处换了三次，但都离内山书店不远，一九三三年搬到施高塔路大陆新邨以后，相距就更近了。叶灵凤虽与鲁迅素有抵牾，但也爱跑内山书店，与内山完造亦很熟识，除了爱买书的天性使然，住所与内山书店相近，也是其中一个因素。说来也巧，几乎与鲁迅迁至施高塔路的大陆新邨同时，叶灵凤和他的姐姐叶华一家也搬到了施高塔路兴业坊，与鲁迅是隔着一条马路的对门邻居，所以假如鲁迅和叶灵凤同时从家里出发去内山书店，必定是同时到达。事实上，他们也常在那里遭遇。叶灵凤晚年曾经说："我与鲁迅……在内山书店也时常相见，但从不招呼。"一九五九年，他曾写下《内山和他的书店》，文中说："他的店里，在正中的大柱后面摆着几张藤椅，一张小桌，还有日本人生活中所不可少的火钵，其上放着茶壶。这是内山老板的坐处，也是招待朋友和顾客的地方。""就在这几张藤椅上，当年就经常坐着鲁迅先生。"一九七三年，他又绘制内山书店内部情形示意图一幅，他说："此等情形，见过的人也不多了。"

施高塔路现在已经改名山阴路，但大陆新邨和兴业坊都还在，我正是从那里出发去寻访内山书店旧址的。资料上说，内山书店旧址现在位于四川北路二〇五〇号，我沿着山阴路只走了百十来米，一个自然的转弯就到了四川北路，看看门牌号，已经是二〇四八，我问那家店里的一个青年二〇五〇号在哪里，他随意地向南一指，不待举步，我竟发现隔壁中国工商银行的墙上正挂着一方“内山书店旧址”的铜牌，旁边还勒着一块汉白玉，上方是鲁迅和内山完造的浮雕头像，下方是中日两种文字的内山书店简介。此时想起叶灵凤一九五七年回上海时，也曾看过内山书店的旧址，所见的情形跟今天差不多：“好像已经改成了一家药房，附近有人民银行的储蓄处，还有一间售书报的邮亭。”现在的旧址旁边却有一家新华书店，我进来向店员打听银行里是否还有内山书店的遗迹，那位店员眉头一皱抛来一句：“怎么这么多人对内山完造感兴趣，不就是在这儿开过一家书店么！”我迟疑了一下，说：“你也是开书店的，何以这样瞧不起自己的职业？”他还振振有词：“我不一样，我不是开书店的，是给公家做事。”我扔下一句“所以你永远弄不好书店”，拔脚就出去了。回头看看他好半天没有缓过神来的样子，忍不住一阵开心。

好像听人说起，内山书店的第一个店址魏盛里已经不复存在了，但我还是想去找找。想起叶灵凤说过：“他

《抗战八年木刻选集》书影

的内山书店，最初是开设在从前上海北四川路横滨桥一条弄堂里的”，所以我就一直向南走，一直走到了横滨桥，也没有遇到那条曾经叫作魏盛里的巷弄。坐在横滨桥头，点烟歇脚，心里想的是，曾经风云一时的内山书店，注定只剩下一块铜牌了。抽完烟重新起身，决定去逛多伦路，那里有众多民国名人的旧居。多伦路果然旧貌犹存，一栋栋老式洋房惹得我东瞧西望，突然就有一个熟悉的招牌映入眼帘——内山书店！而且，门口两侧的橱窗里摆的确实是书。根本顾不上探究内山书店何以还魂再生，因为橱窗里形形色色的民国旧书已经攫去了我全部的注意力。双目一扫，立刻识出了其中的珍品：《抗战八年木刻选集》。这本书于抗战胜利后的次年由中华全国木刻协会编选出版，是中国新兴木刻史上宝典一级的图籍。当年这书出版之后，远在香港的叶灵凤很想买到它，可由于那时上海的新出版物运到香港来的数量很少，所以去迟了一步。叶灵凤对这本书念兹在兹，“因为在爱书的世界中，对一本书动了意念而又不曾将他得到以前，在这一段期间，时间是静止的，历史也是空白的”。有一天偶然在路上碰到同样嗜书如命的盛家伦，随便提起这事，不想没过几天，盛家伦就给他把书找来了。过了好多年之后，叶灵凤还清晰地记着那是一个下午，“他忽然来到我的家里，将一包书向我桌上一放，‘啦，都给你找到了！’”“我自然不会问他这是借给我的，送给我的，还是替我买的，因为这些话都是多余的。我高兴的翻阅着，知道他在一旁也同我一样的高兴，这就够了。”

新的内山书店的门口，两位老太各坐一边，聊着我一句听不懂的上海话。我试探着问这书的价钱，尽管颇有心理准备，还是着实吓了一跳，于是暂时不去想它，先进店里看书再说。几个架子上大多是八十年代以后的旧书，虽然质量不低，但于我来说也并无太多的吸引力，我感兴趣的还是民国老书，在一进门口的那个角落里，还真有一些，每一本都用塑胶袋包裹着，见出身价的不同。我一本一本地翻检，虽然也有一些善本，但我心里始终惦记着那本木刻选集。不知什么时候，看店的换成了一个老翁，于是我就跟他砍价，但他显然对这书的价值了如指掌，无论怎么说也不松口，最后我一咬牙，交钱收书。生意既成，两人就对坐着吸烟闲聊，给我讲了不少多伦道上的往事。他说，上海从来不曾有过日租界，虹口也只是日侨聚居，势力大而已，所以鲁迅才有了“且介亭”，暗指不是租界的租界。我问他用内山书店的名号有无授权，他说这是政府行为，“本来是政府与我合作，后来政府撤出了，我也乐得继续使用”。说到此处，他把我引到店外，“你看，在内山书店的旁边，我还挂着一块‘名著书店’的招牌，像这样一个书店两个牌子，好像也不多见”。末了他告诉我他姓殷，希望再来上海时还来书店看看。

多伦路

从四川北路内山书店旧址西行左拐，就进入了多伦路文化名人街。多伦路原名窦乐安路，修建于一九一二年，也是当时上海公共租界工部局越界筑路的产物。在二十世纪初，多伦路一带还是上海宝山县一条荒芜冷僻的小河浜，有一个叫窦乐安的英国传教士，看中这里中、美、日三不管的宽松环境、便宜地价以及淞沪铁路近在咫尺的便利交通，填河造路，招商引资，这条新开的道路也就以他自己的名字命名。多伦路长仅五百余米，有些不大起眼，甚至在地图上也都难寻，但却散发着独特的魅力，在上海解放前的四十年间，这里既是帝国主义和反动势力的藏污纳垢之处，又是革命者和文坛名流的卧虎藏龙之地，留下了许多优秀建筑、名人寓所和历史遗址。

穿过那道镌刻着“海上旧里”字样的砖石牌坊，一条曲折幽静、民国风浓的街弄便呈现在眼前。踏着碎石铺就的路面前行，迎面而来的是风格各异的夹街小楼，我知道，几乎每座小楼都藏着一段传奇故事。那一处处的名人故居就不遑多说了，比较感兴趣的还是那间在原址恢复的公啡咖啡馆。看见它的一刹那，脑海里瞬时闪过鲁迅在《革命咖啡店》里写的那段名言：“遥想洋楼高耸，前临阔街，门口是晶光闪烁的玻璃招牌，楼上是我们今日文艺界的名人，或则高谈，或则沉思，前面是一大杯热气腾腾的无产阶级咖啡，倒也实在是理想的乐园。”

当年的公啡咖啡馆是日本人所开，坐落于北四川路有轨电车终点站附近，内山书店的对面。它一定不是上海开得最早的咖啡馆，也未必是当时上海最好的咖啡馆，但却绝对称得上近代文学史上最有名的咖啡馆。一九二八年八月八日，《申报》发表了一篇署名慎之的《“上海咖啡”》，文章写道：“……但是读者们，我却发现了这样一家我们所理想的乐园，我一共去了两次，我在那里遇见了我们今日文艺界上的名人，龚冰庐，鲁迅，郁达夫等。并且认识了孟超，潘汉年，叶灵凤等，他们有的在那里高谈着他们的主张，有的在那里默默沉思，我在那里领会到不少教益呢。……”

公啡咖啡馆复原图

谁知，鲁迅看到这篇“革命底广告式文字”之后，竟然大动肝火，次日就写了那篇《革命咖啡店》予以回应。这篇文章好像也是鲁迅反复讥骂叶灵凤的开始，也是叶灵凤那枚“齿白唇红”标签的原始出处：“这样的乐园，我是不敢上去的，革命文学家，要年青貌美，齿白唇红，如潘汉年叶灵凤辈，这才是天生的文豪，乐园的材料；如我者，在《战线》上就宣布过一条‘满口黄牙’的罪状，到那里去高谈，岂不亵渎了‘无产阶级文学’么？”

鲁迅先生之所以对咖啡馆大为光火，不过是借题发挥罢了，以后该上去时还是要上去。据说，一九三四年，萧军、萧红带着小说手稿从东北辗转来到上海，就是先到内山书店见鲁迅，再由鲁迅带去公啡聊天，只不过确实如他所说，不喝咖啡，因为他觉着“还是绿茶好”。所以接下来一段，他就笔锋一转，点出了叶灵凤的“罪状”：“叶灵凤革命艺术家曾经画过我的像，说是躲在酒坛的后面。这事的然否我不谈。现在所要声明的，只是这乐园中我没有去，也不想去，并非躲在咖啡杯后面在骗人。”叶灵凤的那幅画名为《鲁迅先生》，刊载于他自己主编的《戈壁》第一卷第二期（一九二八年五月）。在这幅画中，能看到一个大酒缸，上面伸出几只手来，分别挥舞着炸弹、狼牙棒、小说集等“武器”，里面还标注着“小说旧闻抄”、“有闲阶级”、“权威”、“呐喊”等字样，画旁的说明文字则是：“阴阳脸的老人，挂着他以往的战绩，躲在酒缸的后面，挥着他‘艺术的武器’，在抵御着纷然而来的外侮。”

叶灵凤漫画《鲁迅先生》

综观《革命咖啡店》全文，固然主要是对“因画惹祸”的叶灵凤的回击，但也点名不点名地旁及了创造社的一干“名人”，当中就包括潘汉年，他不仅与叶灵凤合编《戈壁》，自己也曾在《战线》周刊第一卷第四期（一九二八年四月二十二日）发表过《假鲁迅与真鲁迅》，对鲁迅“满口黄牙”极尽挖苦之能事。再往大处说，这场咖啡店之争，终究还是创造社与鲁迅之间开展的革命文学论争中的一个战役而已，矛头所指向的，实则是整个创造社，甚至包括了也参与论争的太阳社。然而恰如古语所云，分久必合，合久必分，没过多久，鲁迅就与潘汉年并肩坐在了“左联”成立大会的主席台上，对面的会议代表里，也端坐着“齿白唇红”的“革命艺术家”叶灵凤。更为有趣的是，“左联”的筹备会议正是在这间公啡咖啡馆召开，成立大会的会场，也在这条多伦路上不远的地方。

“左联”的全名是中国左翼作家联盟，成立于一九三〇年三月二日，是中国共产党直接领导的第一个革命文学团体。当时党内一些坚持正确路线的同志，批评了一九二八年革命文学论争中所出现的极左思想，作出停止争论，团结鲁迅，一致对敌，成立“左联”的决定。有意思的是，代表党参与和领导“左联”筹备工作的竟是潘汉年，他此时已经担任中央“文委”第一书记。据说，他曾多次登门拜访鲁迅，终于请出鲁迅担任“左联”的“盟主”。“左联”成立大会的会址在多伦路二〇一弄二号，并未临街，而是藏匿在多伦路后面的小弄堂里。这是一座三幢合一的花园洋房，红砖红瓦，清水墙，墙砖灰白色嵌缝，看上去既洋派十足，又庄重肃穆。工作人员告诉我，当时它是中华艺大的校舍，成立大会就在底层那间大教室召开。我先问有没有书店，他一指大门右侧的一间小屋，说：“那不就是。”有一个女孩在看店，不知为什么开着热热的暖风。书并不多，大抵都与“左联”有关，但都是多年前的旧物，所以定价极低，我选购了《左联论文集》、《中国三十年代文学研究》和《陶晶孙百岁纪念文集》，三本书总共不到二十八元。

二楼是展厅，一圈看下来，也生出一些遗憾。首先要说的是，在“左联盟员群像”中，根本找不见叶灵凤

「左联」成立大会会址

的名字，即便叶灵凤后来被“左联”除名，但其曾经是盟员终究是历史事实。按照叶灵凤自己的说法，他还不仅仅是普通的盟员，实际是发起人之一，按照他与“左联”领导人潘汉年“刎颈之交”的关系，这种说法应当符合情理。况且，那一时期他们两人过从甚密，潘汉年写的在思想上和理论上为建立“左联”做准备的重要文章《普罗文学题材问题》，就发表在叶灵凤主编的《现代小说》第三卷第一期上。至于叶灵凤是否出席了三月二日的成立大会，学术界流行的各种私人回忆中从来没有出现过叶灵凤的名字，但当年国民党中央执行委员会秘书长陈立夫签发的一五八八九号公函所附的“参加第一次成立大会的左翼联盟员”的四十九人名单，却包括了叶灵凤。叶灵凤本人曾说：“我与鲁迅翻脸极早，因此从未通过信，也从未交谈过。左联开会时只是对坐互相观望而已。”但他所说的“开会”是否就是成立大会，并没有说清楚。

叶灵凤一生谈到“左联”的时候并不多，可能“左联”所给予他的，更多的是伤害和苦涩。一九三一年四月二十八日，“左联”执委会发出开除叶灵凤的通告，其中写道：“……叶灵凤，半年多以来，完全放弃了联盟的工作，等于脱离了联盟，组织部多次的寻找他，他都躲避不见，但他从未有过表示，无论口头的或书面的。最近据同志们的报告，他竟已屈服了反动势力，向国民党写‘悔过书’，并且实际的为国民党民族主义文艺运动奔跑，道地的做走狗……”从上述措辞来看，倒不像“左联”抛弃他，而是他首先抛弃“左联”，这让我想

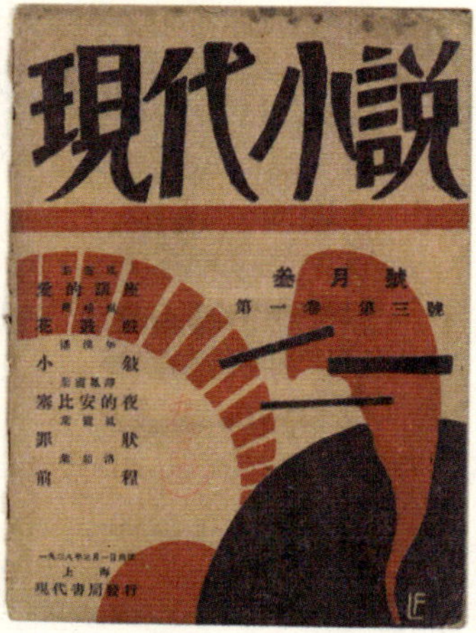

《现代小说》封面

到正史当中都不回避的“左联”从一开始就存在的关门主义和宗派主义，发展到后期，就连“左联盟主”鲁迅都受到“左联”某些领导的排挤、挖苦和打击，所以叶灵凤选择了避之不及。这实在是叶灵凤的天性和人生、艺术趣味使然。他可以热情地接受进步的思想，自发地为这种进步思想鼓与呼，但他宁愿选择自己所乐意接受的方式，不愿被一个呆板的组织羁束。

至于说他“屈服于反动势力，向国民党写‘悔过书’，并且实际的为国民党民族主义文艺运动奔跑，道地的做走狗”，实在无据可查。倒是后来成为叶灵凤“《现代》同人”的施蛰存的一番话，可以拿来解疑释惑。他说：“叶灵凤于一九三一年加入‘左联’，从这一面看他是左翼作家，进步青年。但这个人另外还有一面。他住在姊姊家里，而他的姊夫是潘公展的部下，在市教育局当督学。潘公展是教育局长，负责控制上海文化事务。叶灵凤由姊夫的关系，常常很早就知道一些国民党的文化动态，因此就有人怀疑他是打入‘左联’的文化特务……后来，和他共事时间长了，摸清了他的情况。其实他和国民党没有组织关系，不过自以为消息灵通，在两边说话，失于检点。但他毕竟没有出卖或陷害革命同志。潘汉年每次化装来沪，总是到编辑部来找他。也许他还为潘汉年做过一些事。”文人之立世，终究靠的是文，那些热衷于整人的人，而今安在哉？想到这里，我也就为叶灵凤释然了。也许叶灵凤早就释然了。

静安寺路旧景

静安寺

叶灵凤在静安寺一带住过多年，可以说，这里也是他的上海梦起步的地方。读完中学，少年叶灵凤来到上海，进入上海美术专科学校学习绘画，那时的上海美术专科学校在西门斜桥，而叶灵凤则寄住在静安寺附近民厚里他的叔父家中，晚上在客堂里打地铺，白天背了画箱到学校去上课。每天步行到学校的时候，总是以哈同花园的红色围墙为起点。“去的时候倒不觉得什么，可是每天傍晚回来的时候，拖着沉重的步伐，手里提着画箱，有时还要挟着一个油画框，好容易从遥远的斜桥穿街过巷地走回来，远远地望见哈同花园的红墙了，心里才可以松一口气。可是这道犹太人的红砖墙，好像偏偏与我作对似的，总是走来走去走不完”，走啊走的，“不

创造社诸君子。左起：王独清、郭沫若、郁达夫、成仿吾

知走穿了我这个蓝布大褂少年人的多少双布底鞋”。叶灵凤后来并没有成为他梦寐以求的画家，而是开始了新文艺的写作，这倒不是他心疼自己的布鞋不愿走这长长的路了，而是因为他在民厚里遇见了一群吸引他引领他走向文坛的人。

民厚里也是哈同这个犹太富翁的产业，范围很大，分成南北两部。叶灵凤叔父的家在民厚南里，而在这同一个弄堂里，不仅有《创造周报》的编辑部，也住着风云一时的创造社诸君子。叶灵凤最先认识的一位是成仿吾，他那时已经向《创造周报》投稿了，便慕名去民厚南里的编辑部拜访，孤竹君三子之一的成仿吾诚恳而亲热地接待了他。后来郭沫若带着日本妻子安娜及三个男孩返沪，成仿吾就移住亭子间，把前楼让给了郭沫若一家。郁达夫也曾住在民厚南里一个人家的前楼上，小小的一张床，桌上和地上堆满了书。叶灵凤白天到美专去学画，下课回来后，便以“文学青年”的身份，成为达夫先生那一间前楼的座上客了。郁达夫读书又快又多，“往往头一天见他买了一叠德文日文的书回来，放在床头，第二天问他，却已经一夜全看过了。当时实在使我见了佩服得

上海美术专科学校旧影

《白叶杂记》书名页

五体投地”。叶灵凤不仅模仿“郁达夫式的笔调”写出了《白叶杂记》，而且参加了《洪水》的编辑工作，从此“正式踏上‘文坛’了”。

我选择了世界读书日那天去静安寺，一来是想走走叶灵凤当年走过的地方，二来也是奔着静安公园传统的书籍与玫瑰节。在世纪广场转地铁二号线，坐到静安寺下车，迎面就看到公园门前一丛丛的玫瑰兀自在雨中盛开。静安寺始建于三国东吴赤乌年间，叶灵凤曾说：“静安寺的寺址原来一定很宽大。那座寺前的天下第六泉，现在已经在马路正中，可知现在的寺门一定已经比原先退后了很多。”在叶灵凤那个年代，寺旁还有几排弄堂，称为庙弄，都是一幢一幢的小洋房，藏书家郑振铎、阿英都曾在这里居住，同样有藏书癖好的叶灵凤少不了成为他们两家的座上客，自然见识过他们丰富的藏书。静安公园就在静安寺的对面，据叶灵凤说，从前是一座外国人的墓园，“园址占地很大，古木阴森，碑碣纵横”。在墓园的墙外另有一条非常幽静的林荫小路，平日是很少有人走的，美专时期的叶灵凤“最喜欢到这里来写生，画这条小路的风景，画了一幅又一幅”。

静安公园比从前小了许多，小小的公园倒还精致。不过想象中的人山人海忙淘书的场景根本没有，可能是天公不作美，只有几个冷摊支着帐篷在雨中苦苦坚守。稀稀拉拉的人流，外籍人士倒占了多数，当中有几位恤衫上印着加泰罗尼亚字样的青年异常活跃，我一打听，原来这书籍与玫瑰节正是来自加泰罗尼亚的传统节日圣乔治。“圣乔治节”起源于当地一个传说：一位美丽的公主被恶龙困于深山，勇士乔治只身屠龙，龙血瞬间化作玫瑰，乔治不但解救了公主还将玫瑰奉献给她。如今每到四月的二十三日，按照传统风俗，男士会向女士赠送一朵玫瑰以示骑士风度；作为回馈，女士会赠送男士一本书籍，象征知识与力量。我无玫瑰可送，只听得到雨打在伞上滴答作响，心中暗想：这凄清萧索的场面，莫非正预示着读书这件事正如玫瑰一般在雨中凋谢枯萎？

静安寺也是如此。依旧金碧辉煌，但早让周边丑丑的高楼破坏了和谐的景致。当年哈同花园的红墙早拆了，在原址建起了中苏友好大厦。民厚里虽然挺了差不多半个多世纪，终因旧房改造，遭遇了灭顶之灾。甚至连静安寺路都没了，变成了南京西路——假如叶灵凤再回上海，一定会站在街口茫然不知所向，他当年那么喜欢静安寺路，那么爱写静安寺路，《浪淘沙》里一句话："西郊静安寺路上，远方的天际，正绚烂着血红的晚霞"，写尽了静安寺路的浮华与魅惑。《未完的忏悔录》里，他和男女主人公韩斐君、陈艳珠，更是出出入入静安寺路。韩斐君疯狂地追求舞女陈艳珠，买了一只很小巧的白金手表，预备送给她，揿了门铃，应门的侍者说她出去了。他怀疑她另有所爱，就去她家楼下守候，"果然，在我在杂志店里等了十多分钟的时候，一部绿色的跑车

张爱玲像

从静安寺路西首转了过来。”舞女终究是舞女，舞女只是到了舞厅进去舞池才瞬间焕发神采，而当时上海最好的舞厅就在静安寺附近，也就是到现在老上海们还常说到的“百乐门”。研究张爱玲的淳子说，当年张爱玲住在赫德路爱丁顿公寓时，站在阳台上就可以听到百乐门舞厅传来“蔷薇蔷薇处处开”那类慵懒的歌声。

我不是张迷，我来张爱玲故居，更是为了故居楼下

张爱玲《流言》书影，犀牛书店提供

那家千彩书坊。当年的赫德路改成了常德路，当年的爱丁顿公寓也改成了常德公寓，但那楼宇依旧惊艳，就好比张爱玲穿着昔日打扮回到今天依旧会惊艳是相同的道理。三十年代快结束的时候，叶灵凤从上海去了香港，远离了他梦寐难忘的静安寺；张爱玲却从香港回到了上海，静安寺的爱丁顿公寓正是她最初居住的地方。在这里，张爱玲正式开始了公寓作家生涯，她的一系列非常重要的小说——《倾城之恋》、《沉香屑》、《金锁记》，都是在这里完成。她还在这里与胡兰成恋爱，秘密结婚，又黯然离婚。我在楼下仰头向六楼的阳台张看，因为我知道，张爱玲生性孤僻，不喜欢应酬，站在阳台上眺望世界成了她每天的日课。有一次，“一个人在黄昏的阳台上，骤然看到远处的一个高楼，边缘上附着一大块胭脂红，还当是玻璃窗上落日的反光。再一看，却是元宵的月亮，红红地升起来了”。不禁让我想起叶灵凤说的那句“西郊静安寺路上，远方的天际，正绚烂着血红的晚霞”。一个是晚霞，一个是晚霞消散后的月亮，却有着相似的色彩。千彩书坊虽然取了一个色彩斑斓的名字，店里的布置却只有一个张爱玲。在这里买一本张爱玲，到底跟在别处有所不同。拿着书坐到小巧的庭院，听乱乱的雨敲打阳伞的棚顶，心想这雨也不是张爱玲叶灵凤那会儿的雨了。

图片来源

《白叶杂记》，叶灵凤著，光华书局 1927 年版。

《百年中文文学期刊图典》，陈建功主编，文化艺术出版社 2009 年版。

《百年多伦路》，上海市虹口区文物管理委员会编，香港东方艺术中心 2010 年版。

《陈君葆日记》，陈君葆著，谢荣滚主编，商务印书馆（香港）有限公司 1999 年版。

《创刊号新编（1940's–1980's）》，连民安编著，中华书局（香港）有限公司 2018 年版。

《大成》杂志。

《刀笔　画笔　文笔——黄新波在香港》，黄蒙田、陈实等著，黄元编，香港，天地图书有限公司 2011 年版。

《读书随笔》，叶灵凤著，上海杂志公司 1946 年版。

《庋藏远见——冯平山》，冯美莲、尹耀全著，商务印书馆（香港）有限公司 2013 年版。

《海水的腥味：阮朗文集》，三联书店（香港）有限公司 2019 年版。

《海天集》，柳木下著，香港上海书局 1957 年版。

《何明华与中国关系之研究》，吴青著，浙江大学出版社 2017 年版。

《红豆集》，霜崖等著，香港新绿出版社 1962 年版。

《洪水》杂志。

《幻洲》杂志。

《黄苗子与郁风：微笑着面对》，李辉著，大象出版社 2003 年版。

《黄新波木刻：1933—1949》，岭南美术出版社 2006 年版。

《急转的陀螺》，郁风著，三联书店香港分店 1987 年版。

《京华小记》，唐琼著，生活·读书·新知三联书店香港分店 1983 年版。

《旧书刊中的香港身世》，杨国雄编著，三联书店（香港）

有限公司 2014 年版。

《抗战八年木刻选集》，中华全国木刻协会编选，开明书店 1946 年版。

《肯特版画选集》，马克、卜维勤编，岭南美术出版社 1985 年版。

《离婚》，潘汉年著，光华书局 1928 年版。

《猎书小记》，黄俊东著，香港，明窗出版社 1979 年版。

《鲁迅旧诗笺注》，张向天著，广东人民出版社 1959 年版。

《鲁迅诗文生活杂谈》，张向天著，香港，上海书局有限公司 1977 年版。

《蕗谷虹儿》，东京，河出书房新社 2013 年版。

《沦陷时期香港文学作品选——叶灵凤、戴望舒合集》，香港，天地图书有限公司 2013 年版。

《罗孚友朋书札辑》，高林编，海豚出版社 2017 年版。

《末代皇帝传奇》，潘际埛著，通俗文艺出版社 1957 年版。

《穆时英全集》，穆时英著，严家炎、李今编，北京十月文艺出版社 2008 年版。

《欧洲作家散文选》，娄木编，香港东亚书局 1959 年版。

《全能的天才画家——达·芬奇》，何政广主编，河北教育出版社 2000 年版。

《山阴路百年影踪》，上海市虹口区文物遗址史料馆，“虹口记忆”项目工作组编，中西书局 2016 年版。

《深刻人间：黄新波的艺术历程》，香港，康乐及文化事务署 2011 年版。

《石鱼集》，夏果著，香港，万叶出版社 1973 年版。

《世界著名作家散文选》，纪伯伦等著，苗湘成编选，香港，上海书局有限公司 1977 年版。

《书衣百影》，姜德明编著，生活·读书·新知三联书店 1999 年版。

《水云楼诗草》（修订本），陈君葆著，谢荣滚整理，广东人民出版社 2017 年版。

《文艺世纪》杂志。

《五十人集》，张千帆等著，香港，三育图书文具有限公司 1961 年版。

《五十又集》，余翁等著，香港，三育图书文具有限公司 1962 年版。

《晚晴杂记》，叶灵凤著，香港上海书局 1970 年版。

《现代》杂志。

《现代小说》杂志。

《现代艺术魔术师——毕加索》，何政广主编，河北教育出版社 1909 年版。

《香港当代作家作品选集·曹聚仁卷》，香港，天地图书有限公司 2016 年版。

《香港当代作家作品选集·叶灵凤卷》，香港，天地图书有限公司 2017 年版。

《香港方物志》，叶林丰著，香港，上海书局有限公司 1973 年版。

《香港历史明信片精选》，唐卓敏、佟宝铭、张顺光、巫羽阶合编，三联书店（香港）有限公司 1993 年版。

《香港文纵》，卢玮銮著，香港，华汉文化事业公司 1987 年版。

《香江旧事》，霜崖编著，香港益群出版社 1968 年版。

《项美丽在上海》，王璞著，人民文学出版社 2005 年版。

《新中华画报》。

《新绿集》，叶灵凤等著，香港新绿出版社 1961 年版。

《新雨集》，叶灵凤等著，香港，上海书局有限公司 1977 年版。

《叶灵凤卷（香港文丛）》，三联书店（香港）有限公司 1995 年版。

《叶灵凤日记》，叶灵凤著，卢玮銮、张咏梅笺 / 注，三联书店（香港）有限公司 2020 年版。

《叶灵凤传》，李广宇著，河北教育出版社 2003 年版。

《一生承教》，小思著，三联书店（香港）有限公司 2007 年版。

《瞻望张光宇：回忆与研究》，唐薇、黄大刚编，人民美术出版社 2012 年版。

《张保仔的传说和真相》，叶林丰著，香港上海书局 1970 年版。

《张光宇年谱》，唐薇、黄大刚著，生活·读书·新知三联书店 2015 年版。

《郑思肖文化研究文集》，连江县郑思肖文化研究会编，中国文联出版社 2008 年版。

《纸鱼繁昌记（鲁庵随笔）》，斋藤昌三、柳田泉编纂，东京，书物展望社 1932 年版。

《竹久梦二の世界》，竹内清乃编集，平凡社 2014 年版。

《追寻张光宇：回忆与研究》，唐薇、黄大刚著，生活·读书·新知三联书店 2015 年版。

《卓别麟外传》，刘芃如著，上海出版公司 1953 年版。

《坐困愁城：日占香港的大众生活》，三联书店（香港）有限公司 2015 年版。

A *History of Wood Engraving*, by Douglas Percy bliss, Spring Books, 1964.

First Impressions, Parrish Art Museum, 2010.

Sweet Thames Run Softly,Written and Illustrated by Robert Gibbings,Dutton, 1945.

Through The Woods, Victor Gollancz LTD, 1936.

William Morris and His World, Thames and Hudson, 1978.

后　记

李广宇

痴迷叶灵凤，是在读了三联书店三卷本《读书随笔》之后。在那之前，我只在大学本科念中文系的时候读过他一篇小说，那就是收入《中国新文艺大系》小说三集中的《女娲氏之余孽》，留下的印象，只有“郁达夫式的笔调”，如此而已。

但是，《读书随笔》却给我以震撼，说瞬间折服也不为过，因为那时期我正痴迷于写这类书话文字，我感觉叶灵凤的书话比我素来崇拜的唐弢、阿英、郑振铎更加过瘾。此后就开始了对叶灵凤的苦苦追寻，无论是在北大读研期间，还是嗣后在纽约哥伦比亚大学访学的一年，在旧书库和冷摊上找来不少他的民国和港版旧著，并对他的生平事迹苦苦挖掘。这使得我对他的传奇身世和多样才华发生了更大兴趣，也立下为他作传的决心。经过几年的努力，终于捧出一部《叶灵凤传》。

诚如四川日报记者肖姗姗所言：“如此传奇人物的故事，一本书怎能道完？”更何况这本传记还非常的单薄浅陋。于是仍旧继续着追寻之路。所幸迎来一个到香港攻读学位的机会，在那里结识了叶灵凤先生的女儿叶中敏女士、叶灵凤研究专家小思老师，以及主持出版《叶灵凤日记》的侯明总编辑，她们为我进一步深入了解叶灵凤提供了诸多帮助，这也促成了我那本《南国红豆最相思》的完成。

这本《凤兮凤兮》虽然出版在后，但有些篇目是散见于之前的几本文集的。在编辑《李广宇书话五种》时，我有意删除了有关叶灵凤的篇什，就是想汇总成单独一本。当然，这本新书也不全是旧文的重新编排，半数文章是新写且从未发表过的。新写的文字，主要集中于“叶灵凤的朋友圈”这一辑。黄蒙田、源克平、叶苗秀、张建南、罗孚、阮朗，乃至柳木下，都是叶灵凤的挚友，因为叶灵凤，我也爱屋及乌，对他们格外关注。他们身在南岛，心系祖国，不仅“南国红豆最相思”，也为塑造在地香港的文学品格做出了独特贡献，是值得深入研究的。

感谢法律出版社持续多年接纳我的书稿，并不惜工本打造一个理想的样貌。本书的封面画出自日本著名画家蕗谷虹儿，他能以这种方式与“活剥蕗谷虹儿”的叶灵凤结缘，应该是一个别有意义的方案。只是虽经多方努力，迄未获得与他后人联系的渠道。中间一度想放弃这个设计，但又实在有些不忍。我想，虹儿和灵凤若是天上有知，也会欣然赞同罢。期待不久之后音讯得通，能够向虹儿的后人致上诚挚的谢忱。

二〇二三年十月二十四日